跆拳道基本训练方法研究

王爱玲◎著

吉林出版集团股份有限公司
全国百佳图书出版单位

图书在版编目（CIP）数据

跆拳道基本训练方法研究 / 王爱玲著 . -- 长春 : 吉林出版集团股份有限公司 , 2024. 8. -- ISBN 978-7-5731-5689-1

Ⅰ . G886.9

中国国家版本馆 CIP 数据核字第 20240AP398 号

跆拳道基本训练方法研究

TAIQUANDAO JIBEN XUNLIAN FANGFA YANJIU

著　　者　王爱玲
责任编辑　李柏萱
封面设计　谢婉莹
开　　本　710mm × 1000mm　　1/16
字　　数　220 千
印　　张　11
版　　次　2024 年 8 月第 1 版
印　　次　2024 年 8 月第 1 次印刷
印　　刷　天津和萱印刷有限公司

出　　版　吉林出版集团股份有限公司
发　　行　吉林出版集团股份有限公司
地　　址　吉林省长春市福祉大路 5788 号
邮　　编　130000
电　　话　0431-81629968
邮　　箱　11915286@qq.com
书　　号　ISBN 978-7-5731-5689-1
定　　价　66.00 元

前　言

跆拳道是一项深受人们喜欢的运动。跆拳道可以强身健体，提高身体的力量、协调性、柔韧性和爆发力，促进身体发育和心肺功能。跆拳道包含着深厚的礼仪文化，人们在学习技能的同时，能掌握一些礼仪，受到文化的熏陶，这对提高道德修养和文化涵养，培养忍耐、谦虚和坚韧不拔等品质具有积极的影响。

学习跆拳道训练的理论知识，增强自身身体素质是掌握运动技术，提高运动成绩的基础。此外，跆拳道爱好者和运动员的体能、心理及智能等因素也在训练及比赛中有着重要作用，为此，特撰写此书，帮助跆拳道爱好者和运动员能够科学地参与跆拳道训练，提高训练成效与实战能力。

本书共分为六章。第一章为跆拳道概述，主要介绍了四个方面的内容，包括跆拳道的特点及锻炼价值、跆拳道的精神与礼仪、跆拳道基本技术与训练方法、跆拳道段位。第二章为跆拳道训练的学科理论基础，包括跆拳道训练的运动学基础、跆拳道训练的生理学基础、跆拳道训练的心理学基础。第三章为跆拳道的体能训练，主要介绍了六个方面的内容，包括力量训练、耐力训练、柔韧性训练、速度训练、灵敏度训练、抗击打能力训练。第四章为跆拳道的心理训练，主要介绍了四个方面的内容，包括跆拳道运动员的心理特点、心理训练的基本内容、心理训练的一般方法、比赛前后常见的心理调节方法。第五章为跆拳道的辅助训练方法，主要介绍了三个方面的内容，包括器械辅助训练方法、专项素质训练方法、运动后的放松。第六章为跆拳道训练的科学保障，主要介绍了四个方面的内容，包括营养保障、运动损伤与预防、训练过程的科学监督、科学医务监督。

在撰写本书的过程中，作者得到了许多专家、学者的帮助与指导，参考了大量的学术文献，在此表示真挚的感谢。由于作者水平有限，书中难免会有疏漏之处，希望广大同行、读者指正。

王爱玲

2024 年 1 月

目 录

第一章　跆拳道概述

跆拳道是一项兼具健身性和竞技性的搏击类运动项目。这项运动历史悠久，发展迅速，并于 2000 年正式成为奥运会的比赛项目，受到了众多爱好者的支持。本章针对跆拳道的背景知识进行介绍，分为跆拳道的特点及锻炼价值、跆拳道的精神与礼仪、跆拳道基本技术与训练方法、跆拳道段位四个部分。

第一节　跆拳道的特点及锻炼价值

一、跆拳道的特点

（一）以腿法运用为主

在跆拳道中，大部分的攻击主要依靠腿法来实现，当然，人体的一些主要关节也可作为攻击或防御对手的武器，如拳、掌、肘、肩、膝、头等，但腿法技术所占比例是整体运用的 80%。这是由于在人体中，腿具有长度和力量上的优势，攻击范围广，步法变换灵活，攻击力强。运动员提高使用腿法的频率，是跆拳道运动中以腿法运用为主的鲜明特点。

在跆拳道运动中，光是腿法的运用技术就多达十几种，并且每一种都能变化出其他不同的形式，因此在实际比赛中，运动员最主要的得分手段与方法就是腿法，只要掌握扎实的腿法基本功，就可以很好地完成攻击和防御。

（二）进攻直接迅猛

跆拳道以攻击直接、迅猛的特点著称，很少有人采用躲闪等防守战术。这是因为比赛时，双方运动员如果长时间未采取进攻措施，会被裁判警告。跆拳道的进攻一般分为两种方式：直接进攻和间接进攻。其中直接进攻又包括强攻、抢攻和连续进攻三种类型，每种进攻都需要运动员直接、快速地完成动作，在最短的时间内提高击打的实效性。对于反击型选手来说，间接进攻则是最好的选择。由于跆拳道更多采用的是腿法攻击，在攻击力度上会比较大，运动员通常会选择用手臂或手掌防守。

（三）借助非生命体测试功力

跆拳道与其他运动对比，存在很多不同之处，其中一点就是它是借助非生命体来进行功力测试的。一名跆拳道运动员如果受过专业系统的训练，他的攻击力不容小觑，训练过程中稍有不慎就会带来危险，这也就是跆拳道一直选用木板或砖瓦等物体作为实验对象的原因。

（四）通过发声提高击打效果

通常跆拳道选手在比赛过程中，都会在出招前洪亮地发声。采取这种做法最主要的原因就是增强自己的气势，以此提高击打效果。练习者无论是进行跆拳道品势练习还是参加比赛或训练，都应保持一个强大的气场，这样才能给对手以威慑力，给对手造成压力，直至突破对手的心理防线。在比赛前，选手通过发声，可以提高比赛斗志和信心，增强自身的爆发力和杀伤力，并在一定程度上提高击打效果，获得较高的分数。

（五）兼修身体与心智

跆拳道的“道”字，代表着这项运动是一种外练技击格斗、内练精神气质的武道，强调的是内外兼修与身心合一。练习跆拳道，不仅要练习各种腿法技术，还要修习这项运动中所体现出的礼义廉耻、忍耐克己以及百折不挠的精神，也只有深刻领悟这些精神，才能准确将其反映在跆拳道的一招一式中。

（六）具有良好的礼仪习惯

跆拳道是一项“礼始礼终”的运动，“礼”作为跆拳道重要的训练内容，贯穿运动的整个过程。礼始是无论在练习开始前还是在比赛开始前，双方都要先互相行礼，以示尊重；礼终是无论比赛结果如何，都需要在比赛结束后再次相互行礼，以体现谦虚、友好、忍让的良好作风。除此之外，行礼还代表了对队友、师长等人的尊敬与感激之情。

（七）技术体系完善

跆拳道在发展过程中，不但保留了传统的技击术，而且融合了其他国家的技击术，不断充实和完善自身的发展。跆拳道技术上以踢法为主，严格控制拳法的击头动作，坚决禁止摔法的运用。

高水平跆拳道比赛中所展现出来的攻防的转化、高超的技艺、拼搏的精神、斗智斗勇的意识，以及在赛事组织和包装等方面体现出浓郁的武道文化元素，不仅给人们带去强烈的视觉冲击，还带给人们情感的震撼和美的享受。安全是跆拳道竞技比赛的指导思想，在实际的训练和比赛中，采用严格惩罚的方式来应对运动员的违规，在这种竞赛规则指导下，运动员不但能充分发挥技术水平，而且伤害事故也减少了，体现了当今体育运动的宗旨。也正因如此，跆拳道进入奥运会大家庭后，很快被世人所认可，成为世界上受欢迎的搏击类体育运动项目之一。

二、跆拳道的锻炼价值

跆拳道具有很高的锻炼价值，比如健身防身，同时还具有修身养性、娱乐观赏等价值。人们在锻炼的过程中，可以增强体质、磨炼意志。

（一）注重礼仪、培养品德

跆拳道将“智、信、仁、勇、严”作为人生信条，整个过程始终注重对训练者的礼仪教育，并将其渗透到日常生活中，要求训练者以礼待人。同时跆拳道还侧重品德的培养，训练者在充满“尚礼”和“仁爱”的氛围中进行练习，潜移默化地接受礼仪的熏陶，长此以往，将各种礼仪转化为动力，最终养成了良好的礼仪风度，形成了美好的道德品质。

（二）强身健体、防卫自身

跆拳道将各个动作建立在人体生理特点的基础上，通过各部位的协调配合达到全身锻炼的目的。跆拳道一方面可以增强体质，练习者通过经常性的训练，在耐力、速度、力量、柔韧性、灵敏性和协调性等素质方面显著提高；另一方面，跆拳道是防卫自身的重要手段，练习者通过攻防配合练习，可以增强自卫能力，攻击敌人、保护自己。

（三）竞技比赛、娱乐观赏

跆拳道是一项竞技体育，同时又是一项国际性的运动，它得到了世界各国人民的认可。跆拳道练习者如果具备一定水平，并且满足参赛的各项要求，就可以报名参加地方、省级、全国性的邀请赛、精英赛、争霸赛、锦标赛、冠军赛和各种运动会，甚至可以代表国家参加世界性的比赛。比赛不仅可以提高参赛者的整体水平，实现其人生价值，还可以为祖国获得荣誉。跆拳道竞技比赛，既是勇气和力量上的对比，更是智慧和心理的斗争。跆拳道品势表演，动作整齐划一，气势威猛。跆拳道威力表演，势如破竹，一击必杀。跆拳道特技表演，技艺高超，精彩刺激。无论是跆拳道的哪种表演形式，都具有很强的观赏性，不仅可以成为人们文体活动的重要内容，还能让人们感受到跆拳道的艺术魅力，让更多人参与其中，获得精神上的鼓舞和振奋。

（四）激发潜能、磨炼意志

跆拳道的宗旨是“礼义廉耻、忍耐克己、百折不屈”[①]。跆拳道注重实用性，技击性强，难度较大，包括旋转、腾空、跳跃等动作。这些动作要求练习者不仅有较好的身体协调性和平衡性，还要具备良好的洞察力、分析能力和判断力，这就有效激发了练习者的潜能，使练习者在体力、智力和精神等方面得到提升。练习者在训练过程中，表现出超乎常人的忍耐力，在一次次的极限训练中，完成对自我的超越，逐渐培养坚强忍耐、百折不挠、拼搏进取的精神，以强大的信心和勇气去影响他人。勇气和胆量能使人产生正义感，主动维护社会的稳定和平，进而使人形成一种忍耐克己、谦虚包容的道德品质。

（五）健全人格、塑造精神

跆拳道的日常训练是一种集体性的活动，强调训练的一致性，要求形神兼备，

① 张伟东，王浩，李秀东．大学体育与健康 [M]. 哈尔滨：黑龙江人民出版社，2009.

大家一起用力量、用声音将每个动作表现得淋漓尽致，让人感受到强大的躯体背后勇敢拼搏的精神。练习者在训练过程中相互配合，团结友爱，增强了集体意识和爱国主义精神，不断完善自我，塑造出理想的人格。跆拳道是一项综合性的运动，在体能锻炼上，能使人精力旺盛；在智力上，能使人思维敏捷；在精神上，能使人意志坚定，精神振奋。

第二节　跆拳道的精神与礼仪

一、跆拳道的精神

“跆拳道是正人之道”[①]，这是现代跆拳道创始人之一李仲佑先生对跆拳道区别于其他运动项目的高度概括和赞许。正是通过跆拳道的练习，练习者在身健心悦中懂得守规矩、循秩序、重道义、知廉耻、有担当。“忠则尽命、孝当竭力”正是古代朝鲜半岛武士们对“忠孝”和对“知恩、感恩、报恩”思想的最好诠释。

“礼义廉耻、忍耐克己、百折不屈”是跆拳道精神在修炼过程中的具体要求。它注重从两方面对人进行培养，即身体的强健和精神的升华。

每一次的实践（包括每一堂训练课）透过身体训练的载体和跆拳道具体的技术动作、礼仪程序，来对应跆拳道精神所蕴含的具体指向。练习者透过跆拳道技术动作的表现形式来展示跆拳道的精神，在长期的修炼中规范其行为、提升其修养、完善其人格，进而达到身心合一。因此跆拳道是身体和精神合为一体的教育活动。

跆拳道精神的教育价值在于它能通过身心的锻炼最终养成修身养性的习惯。在获得身体健康的同时，培养我们的意志力、创造力、克己能力；能挑战生理和心理的极限并不断超越自己；摒弃人性的弱点，懂礼仪、守规矩，最终形成积极进取的人格，使我们更加积极乐观地面对人生。

构成跆拳道精神核心的是和谐精神与和平精神。这种精神融合了中国儒家学

---

① 李方江．青少年体育运动快速入门：青少年跆拳道快速入门 [M]．北京：光明日报出版社，2014.

说的性理学，是由周易发扬光大而成的本土化的朝鲜理学，基本上遵从朱子学说。性理学的易学思想影响了朝鲜半岛，数百年来成为传统思想的主流理学。跆拳道处处彰显着和谐精神与和平精神，它的道服上面圆、角、方的图案代表着天、地、人的三才思想，反映出人与自然的和谐相处。跆拳道第一个动作是防守动作，可以看出它并不是一项暴力运动，而是一项拥护和平与正义、向世界传达爱与和平的运动。

二、跆拳道的礼仪

跆拳道十分重视礼仪、精神和行为等方面的教育，这是练习者必须接受的学习内容，体现了跆拳道的精神内涵，也反映出练习者对这项运动的态度——尊崇与敬意。虽然跆拳道具有对抗性，但它是跆拳道博大精深的文化内涵的载体，是练习者修身养性、完善人格的一种形式。在激烈的对抗中，练习者提高了技术水平，磨炼了意志。

跆拳道训练的整个过程突出了礼仪的重要性。敬礼作为练习前的一项重要礼仪，被赋予了深刻的内涵。向国旗敬礼，表达了练习者对祖国的热爱，彰显着爱国主义精神；教练与队员之间相互敬礼，表现了一种良好的师生关系，彰显着尊师爱生的美好品德；队员之间相互敬礼，表现了同辈之间的相互尊重，彰显着团结友爱的集体主义精神。爱国精神突出反映了跆拳道修炼的最高境界。练习者在日常的训练中，逐渐养成了勇敢、果断的意志品质，坚韧向前的作风，不断完善的人格，精神不断升华。

（一）跆拳道的站姿、坐姿及敬礼

1. 站姿

两脚并立，两脚尖正对前方，抬头、挺胸、收腹，双手五指并拢成自然状贴于大腿两侧中间，两眼平视前方，神态自然。

2. 跨立

两脚开立略同肩宽，两脚尖外转约 30°，抬头、挺胸、收腹，右手握拳，左手五指握住右手腕部置于身后腰部，两眼平视前方，神态自然。

3. 坐姿

两脚交叉，右脚在前，盘坐于地上，抬头、挺胸、收腹，双手成自然掌形置于双膝上，两肘内收自然下垂，两眼平视前方，神态自然。

4. 敬礼

跆拳道的敬礼分为向国旗敬礼、个人敬礼和相互敬礼三种。

向国旗敬礼：身体成立正姿势，右手成掌形置于左胸前，目视国旗约 3 秒钟，神态恭敬、庄严，然后放下。

个人敬礼：身体成立正姿势，前倾弯腰成 30°～45°，头部前屈 45° 鞠躬敬礼，双手自然下垂置于体侧或右手置于胸腹间，停顿 1～2 秒钟，然后还原成立正姿势，神态祥和。

相互敬礼：身体成立正姿势，前倾弯腰约成 30°，头部前屈 45° 鞠躬敬礼，双手自然下垂置于体侧，停顿约 1 秒钟，然后还原成立正姿势，神态祥和，在相互敬礼时，双方要注意保持一定的距离，以防发生碰撞。

（二）各种场合的礼节程序

在不同的场合，跆拳道的礼节有着不同的要求和形式。

1. 进入道馆训练时的礼节

一是跆拳道练习者进入道馆（场）训练，必须身着道服，衣着整洁，神态恭敬，服从指挥，要抱着相互学习、共同提高的心态去学习和训练。

二是进入道馆（场）后，首先要向国旗敬礼，然后向老师敬礼。

三是两人一组进行练习时，先相互行礼，练习结束后，再次相互行礼，以表谢意。

四是训练中如果有事，须先向老师敬礼，说明理由，经老师同意后方可离开。

五是训练中服装或护具脱落时，应背对国旗和老师，整理好后再进行训练。

六是训练结束后，整队集合，首先向国旗敬礼，然后向老师敬礼，离开道馆（场）时，再次向国旗和老师敬礼、道别。

要特别注意的是，向国旗敬礼时，一定要庄严、肃穆、神态恭敬，对国旗要有发自内心的热爱和崇敬。

2. 比赛时的礼节

比赛开始前：当运动员进入场地时，应向裁判员和教练员敬礼，待主裁判发出“立正”“敬礼”的口令后，双方运动员要相互敬礼；当主裁判发出“准备”“开始”的口令后方能开始比赛。

比赛结束时：双方运动员在各自的位置站好，当主裁判发出“立正”“敬礼”的口令后，相互敬礼，然后面向裁判长等待其宣布比赛结果；宣布比赛结果后，向裁判长席、主裁判、副裁判（边裁）及对方的教练员、观众敬礼，本场比赛结束。

一些友谊赛、对抗赛或进行跆拳道品势、功力、特技表演时，在开始前和结束后，运动员多以集体形式出场向嘉宾、裁判员、观众及对方的教练员、运动员敬礼。

第三节　跆拳道基本技术与训练方法

跆拳道技术训练主要包括基本动作的技术学习和应用两个方面。基本动作的质量和运用能力是技术训练的两个方面，既对立又统一，在训练时，练习者不能将它们盲目分开甚至对立起来。技术训练强调动作要素和技术要素的学习，这必须在实战训练中才能完成，但是，训练方法要根据各个训练环节的实际情况而定。动作要素侧重基本动作的规范程度、完成质量和熟练程度；技术要素侧重对基本动作的应用能力。基于不同的侧重点，训练内容也更有针对性，在进行动作要素训练时，要重点讲解动作的基本要领；在进行技术要素训练时，要重视实践条件下动作运用的有效性和灵活性。

跆拳道的学习是一个循序渐进的过程，要遵循客观发展规律，坚持从易到难、从简到繁、从部分到整体的教学原则，把握个人操控、模拟操控、条件实战和比赛对抗的层次性，从量的积累达到质的飞跃。

一、跆拳道基本技术

跆拳道技术是指竞赛跆拳道中所使用的能充分发挥运动员机体能力，合理、有效地完成动作的方法。基于奥运会比赛项目的需要，跆拳道技术从跆拳道体系中分化出来，在比赛时，运动员只有遵守竞赛规则和要求，取得的分数才会被认可，成绩才会被承认。竞赛跆拳道对跆拳道的技术要求和使用有明确规定，比如禁止用拳击打头部、用手肘或膝盖攻击，这在某种程度上保护了双方运动员，减少了身体上的伤害，但同时对运动员的技术提出了更高的要求，跆拳道技术因此不断发展和完善。

（一）跆拳道的入门技术

1. 准备姿势（格斗势）

准备姿势，又叫预备姿势或者实战姿势，是跆拳道比赛中双方开始比赛时的基本站立姿势。准备姿势不是随意选择的，而是要为进攻、防守反击和步法移动提供便利。

（1）动作过程。

①两脚开立与肩同宽，两臂垂于体侧。

②左脚或右脚向另一脚的前方迈出，两脚相距一步距离前后站立，使身体侧对对方，同时两手半握拳，沉肩、两臂屈肘自然垂放（左脚在后是左架准备姿势，右脚在后是右架准备姿势）。

③重心落在两脚之间，膝部略弯曲，眼睛平视对方面部，下颌微收。

（2）要领。

①两臂所放位置不是固定的，可以一臂下垂或两臂下垂。

②两脚之间的距离和重心的高低可根据具体情况调整，原则上是在移动时能尽快调整好身体重心。

③若重心下降，大小腿之间的夹角几乎 90° 时，则为低位姿势。

（3）准备姿势的力量基础。

比赛时，运动员一般身体侧对对手，做出准备姿势，不管是将要主动进攻还是防守反击，都要求运动员处于身心放松状态。运动员重心的高低直接影响着移动的速度。在比赛中，双方运动员经常有一个互不进攻的短暂时间，即双方都保持着准备姿势，原因是：

①等待对方进攻，自己准备反击。

②自己直接进攻得分的把握不大，犹豫不决。

③进行短暂的休息，调整体力。

④在比分领先的情况下拖延时间。

⑤其他战术的需要。

这个时候，双方运动员未必都站在自己固定的位置上，经验丰富的运动员会选择后退或者向一侧移动几步，这样对方运动员也会被迫做出相应的调整，这恰恰成为自己进攻或反击的最佳时机，因此运动员在训练时要加强这方面的练习。如果双方运动员都是左架站立或都是右架站立，则称双方站位为闭式站位；如果一方是左架站立，另一方是右架站立，则称双方站位为开式站位。一般情况下，运动员会偏爱使用某一条腿，对它的使用频率也会高一些，不管是从腿部力量还是出腿速度上，运动员会觉得这条腿在进攻或防守反击上更有把握一些，这条腿就是优势腿，也叫主要得分腿。受生活习惯的影响，很多运动员将优势腿放到右腿上。

2. 准备姿势的基本步法

准备姿势站立后，向各个方向移动的方法就是准备姿势的基本步法，它在跆拳道的技术体系中占有重要地位。对于刚刚接触跆拳道的运动员，教练需要安排大量的时间来进行专门步法的训练。在比赛中，运动员大多依靠腿部攻击或者防守反击，因此，运动员的步法是否灵活，直接影响着进攻或防守反击结果的有效性。总之，准备姿势的基本步法训练在跆拳道训练中非常重要，关系着运动员的技术水平。

（1）上步。

动作过程：右架准备姿势（以下简称“右架”）站立，右脚向前上一步，成为左架准备姿势（以下简称“左架”），反之左架亦然。

要领：上步时通过向左拧腰转髋完成，两臂在体侧自然上下移动，重心不要上下起伏过大。

实战使用：比赛时，为了达到迫使对方后退或诱导对方进攻的目的，运动员常常使用上步的基本步法。当对方上步时，己方可抓住时机，迅速进攻。

（2）后撤步。

动作过程：右架站立，左脚向后撤一步，成为左架准备姿势，反之左架亦然。

要领：后撤步时重心保持平稳移动，通过向左拧腰转髋完成，两臂在体侧自然上下移动。

实战使用：后撤步常用在对方使用前旋踢时，当对方准备继续进攻时，可用前腿侧踢、鞭踢或下压阻击对方。

（3）前跃步（前进步）。

动作过程：右架站立，两脚同时向前跃进一步，保持右架准备姿势，反之左架亦然。

要领：向前跃步时，重心不宜起伏过大，尽量使重心平稳移动，两脚稍离地即可。

实战使用：运动员使用前跃步的基本步法，往往是为了快速接近对方，从而采用旋踢或下压进行进攻；当对方使用前跃步时，己方可用前腿的劈腿或后踢、后旋踢进行迎击。需要注意的是，对方的前跃步也有可能是为了引诱己方进攻，然后利用重心调整的间隙反攻得分，因此己方要做出敏锐判断，立即后撤一步以免被利用。

（4）后跃步（后撤步）。

动作过程：右架站立，两脚同时向后回撤一步，保持右架准备姿势，反之左架亦然。

要领：向后回撤时，重心不宜起伏过大，尽量使重心平稳移动，两脚稍离地即可。

实战使用：运动员采用后跃步的基本步法，通常是为了与对方拉开距离，由于惯性影响，此时不易进攻，使用迎击动作，如后踢或后旋踢等是不错的选择。然而当对方使用后跃步时，己方应注意防范对方的阻击动作，当己方使用组合动作对方后跃步时，应及时采用侧踢、推踢或外摆下压等动作。

（5）原地换步。

动作过程：右架站立，两脚原地前后交换，由右架换成左架，反之左架亦然。

要领：重心不宜起伏过大，尽量使重心平稳移动，两脚稍离地即可。

实战使用：运动员采用原地换步的基本步法，是为了改变双方闭式站位为开式站位，为击打对方胸部提供有利条件，也有可能是为了抑制对方优势腿发挥作用。当对方原地换步时，己方可抓住时机快速抢攻得分。

（6）侧移步。

动作过程：第一种步法是以前脚为轴，后脚向左（右）侧方向移动，用以改变与对手的站位方向；第二种步法是右架站立，右脚先向右（或向左）侧移动一步，随之左脚也迅速向右（或向左）侧移动一步。

要领：一般是将身体重心移向前脚，以利于后脚进攻。

实战使用：当运动员主动进攻受到对方的迅速迎击时，一般采用侧移步，使对方因调整重心而无暇进行反击。抑或当对方做出进攻动作时，己方通过侧移步，贴近对方，进而发动进攻。

（7）垫步。

动作过程：右架站立，右脚向左脚内侧上步，同时左脚迅速抬起以便进攻和防守。

实战要领：使用垫步，主要是在主动进攻时用前腿攻击对方。

3. 基本腿法

（1）前踢。

①前踢的动作规格。

以左架实战姿势开始；右脚向后蹬地，身体重心前移至左脚；右脚蹬地顺势屈膝提起，左脚以前脚掌为轴外旋约 90°，同时，右腿迅速以膝关节为轴伸膝、送髋、顶髋，把小腿快速向前踢出，力达脚尖或前脚掌。踢击目标后右腿迅速放松弹回，落回原地仍成左架实战姿势。

②前踢的动作要领。

第一，膝关节上提时大小腿折叠，膝关节夹紧，小腿和踝关节放松，有弹性。

第二，踢击时顺势往前送髋，高踢时往上送髋。

③前踢的易犯错误。

第一，直腿上撩，大小腿没有折叠，膝关节没夹紧。

第二，上体后仰过大，失去平衡。

第三，踢击目标时向前用力，与推踢动作混淆。进攻部位：腹部、肋部、胸部、颏部。

（2）后踢。

①后踢的动作规格。

左脚掌为轴内旋约 90°，上身旋转重心移到右脚，屈膝收腿直线踢出，重心前移落下。

②后踢的动作要领。

第一，起腿后上身与小腿折叠成一团。

第二，动作延伸，用力延伸。

第三，转身、提膝、出腿一次性完成，不能停顿。

第四，击打目标的正前方稍偏右。

③后踢的易犯错误。

第一，上身、大小腿没折叠，直腿往上撩。

第二，转身、踢腿有停顿，不连贯。

第三，击打成弧线，旋转发力。

第四，肩、上身跟着旋转，容易被反击。

（3）下劈。

①下劈的动作规格。

实战姿势开始。右脚蹬地，重心前移至左脚。同时，右腿以髋关节为轴屈膝上提，两手握拳置于胸前，随即充分送髋，上提膝关节至胸部，右小腿以膝关节为轴向上伸直，将右腿直举于体前，右脚过头。然后放松向下，以右脚后跟（或脚掌）为发力点劈击，一直到前面，下劈后成实战姿势。

②下劈的动作要领。

腿尽量往高、往头后举，要向上送髋，重心往高起；脚放松往前落，落地要有控制；起腿要快速、果断；踝关节要放松。下劈腿的主要攻击部位有头部、脸部和锁骨。

③下劈的易犯错误。

第一，起腿不够高，不够充分，重心不往高起。

第二，踝关节紧张，往下压太用力。

第三，重心控制不好，腿控制不好，落地太重。

第四，上身后仰太多，重心不前移。

（4）推踢。

①推踢的动作规格。

实战姿势开始，右脚蹬地，重心前移，右腿以髋关节为轴提膝前蹬，用右脚掌向前蹬推，发力点在脚掌，推力向正前方。

②推踢的动作要领。

提膝后尽量收紧膝关节，重心往前移，利用身体的力量；推的时候腿往前伸展、送髋；推的路线水平往前。推踢的攻击目标是腹部。

③推踢的易犯错误。

第一，收腿不紧，直腿起，容易被阻截。

第二，上身太直重心往下落，腿不能水平前推。

第三，上身过于后仰，重心不能前移，不利于衔接下一个技术动作。

（5）勾踢。

①勾踢的动作规格。

从左架实战姿势开始，右脚向后蹬地，身体重心前移至左脚，左脚支撑，右腿屈膝提起；左脚以前脚掌为轴，脚跟向内旋转约180°，右腿膝关节内扣，右腿向左前方伸出，伸直后用脚掌向右侧用力屈膝鞭打，然后右腿顺势放松屈膝回收，落回原地成实战姿势。

②勾踢的动作要领。

第一，起腿后右腿屈膝抬过水平，然后内扣。

第二，右脚要随转体尽量向左前伸展。

第三，右脚掌向右鞭打时要屈膝扣小腿。

第四，鞭打后顺势放松。

③勾踢的易犯错误。

第一，提膝后直接向前方伸直右腿，没有做屈膝内扣动作。

第二，鞭打后不放松，落地姿势改变。

④勾踢的进攻部位。

头部、面部、胸部。

⑤勾踢的分解动作教学。

第一，从左架实战姿势开始。

第二，右脚向后蹬地，身体重心前移至左脚，左脚支撑，右腿屈膝前提。

第三，左脚以前脚掌为轴，脚跟向内旋转约180°，同时，右膝稍内扣。

第四，右腿伸膝，右腿向左前方伸直。右脚在屈膝扣小腿动作的带动下，向右用前脚掌做鞭打动作。

第五，右脚鞭打结束后，放松屈膝回收，落回原地成左架实战姿势。

（6）双飞。

①双飞的动作规格。

两人从闭势实战姿势开始，攻方先用右横踢攻击对方左肋部，同时，左脚蹬地起跳，身体腾空右转，腾空高度在膝关节以上，但不宜过高；左脚起跳后在空中用左横踢迅速踢击对方胸部或腹部；左右脚交换，右脚落地支撑，左脚横踢目标后迅速前落，成左架实战姿势。

②双飞的动作要领。

第一，右腿横踢目标的同时，左脚蹬地跳。

第二，左脚起跳后迅速随身体右转横踢目标。

第三，两腿在空中交换，右脚先落地。

③双飞的易犯错误。

第一，右横踢和左脚起跳时机不当，或早或晚。应该先利用踢击沙袋练习右横踢同时左脚起跳的动作，熟练后再起左腿横踢。

第二，右横踢和左横踢之间间隔过长，可利用原地右横踢起跳左横踢空击练习，提高出腿和起跳的速度。

④双飞的进攻部位。

肋部、胸部、腹部、头部。

⑤双飞的分解动作教学。

第一，实战姿势开始。

第二，攻方起右腿向前横踢攻击目标。

第三，同时左脚起跳，在空中顺势交换两腿。

（7）后旋踢。

①后旋踢的动作规格。

实战姿势开始，双脚以两脚掌为轴均内旋约 180°，身体向右转约 90°，两拳置于胸前。上体右转，与双腿拧成一定角度。右脚蹬地，将蹬地的力量与上体拧转的力量合在一起，右腿向后上以髋关节为轴直腿摆起，右腿继续向右后旋摆鞭打，同时上体向右转，带动右腿弧形摆至身体右侧，右腿屈膝回收；右脚落至右后成实战姿势。

②后旋踢的动作要领。

第一，转身、旋转、踢腿连贯进行，一气呵成，中间没有停顿。

第二，击打点应在正前方，成水平弧线。

第三，屈膝起跳的旋转速度要快。

第四，重心在原地旋转 360°。

③后旋踢攻击部位。

头部、面部和胸部。

④后旋踢的易犯错误。

第一，转身、踢腿时有停顿，二次发力。

第二，起腿太早，最高点不在正前方。

第三，上身往前、往侧、往下，推动平衡。

（二）跆拳道的进攻技术

1. 步法与前踢

（1）准备姿势。

准备姿势是指跆拳道比赛中，双方开始比赛时的基本站立姿势，准备姿势的选择应为进攻、防守反击和步法移动提供便利。

①准备姿势的动作方法。

第一，两脚前后站立与肩同宽，脚尖 45° 斜向右前方，脚跟微抬起。

第二，双手握拳，拳心相对，两臂弯曲置于胸前，目视前方。

第三，膝关节微屈，重心落于两腿之间。

②准备姿势的重点。

第一，身体自然站立，肌肉放松。

第二，膝关节松而不懈，富有弹性。

第三，心无杂念，无意又有意。

第四，若重心下降，大小腿之间的夹角几乎等于 90° 时，则为低位准备姿势。

第五，跆拳道比赛中，运动员身体侧对对手，两脚前后站立，一般情况下，运动员做出准备姿势时，不管是准备进攻还是防守，身心都要处于放松状态。运动员重心的高低直接影响移动的速度。

第六，准备姿势站立后，向各个方向移动的方法就是准备姿势的基本步法，它在跆拳道的技术体系中占有重要地位。在比赛中，运动员大多依靠腿部攻击或者防守反击，运动员的步法是否灵活，直接影响着进攻或防守反击结果的有效性。因此，准备姿势的基本步法训练在跆拳道训练中非常重要，尤其是刚接触跆拳道的运动员要加强这方面的练习。

③准备姿势的练习方法。

第一，练习右臂准备姿势。

第二，练习左臂准备姿势。

第三，练习左右换架。

（2）原地换步。

①原地换步的动作方法。

右架站立，两脚原地前后交换，由右架换成左架，反之左架亦然。

用法提示：变换站位，主要是用来晃骗对手。

②原地换步的重点。

原地换步时，重心要尽量平稳，两脚稍稍离地即可，切勿大起大落，重心不稳。第一，当双方运动员处于闭式站位时，一方运动员为了与对方形成开式站位而原地换步，目的是为击打对方的胸腹部位创造条件；第二，闭式站位下，一方运动员为了防止对方优势腿发挥作用而原地换步。此外，己方可以利用对方原地换步这一时机抢攻得分。

③原地换步的练习方法。

练习左右换架。

（3）上步。

①上步的动作方法。

右架准备姿势站立，右脚向前上一步，成为左架准备姿势，反之左架亦然。

用法提示：上步是追赶距离，以在有效的距离内击打对手。

②上步的重点。

第一，上步通过向左拧腰转髋完成，两臂在体侧自然上下移动，重心不要上下起伏过大。

第二，上步常用于逼迫对方后撤，或引诱对方进攻。当对手使用上步时，自己可立即使用进攻技术攻击对方。

③上步的练习方法。

第一，练习右架上步。

第二，练习左架上步。

（4）后撤步。

①后撤步的动作方法。

右架站立，左脚向后撤一步，成为左架准备姿势，反之亦然。

②后撤步的强调重点。

第一，后撤步时重心保持平稳地移动，通过向左拧腰转髋完成，两臂在体侧自然上下移动。

第二，后撤步常用在对方使用前横踢时，当对方准备继续进攻时，可用前腿侧踢、勾踢或下劈阻击对方。

③后撤步的练习步骤。

第一，练习右架后撤步。

第二，练习左架后撤步。

第三，练习上步接后撤步。

第四，练习后撤步接上步。

（5）前踢。

前踢是学习横踢的基础，在品势中常被使用。

①前踢的动作方法。

第一，右架站立，重心移至左腿。

第二，提起右大腿，同时髋部略向左转，膝盖朝前，脚面稍绷直，双手握拳自然垂放在身体两侧。

第三，继续将髋关节前送，右大腿向前抬提，当大腿抬至水平或稍高时，向前弹出小腿，用脚面击打目标。

第四，直接向右转髋使右小腿折叠，快收回原位，然后后撤右腿，还原右架准备姿势。

用法提示：起腿走直线，在品势中常使用前踢。

②前踢的强调重点。

第一，提起右腿时，两大腿内侧之间的距离应尽量小，即右腿尽量直线出腿。

第二，为保持重心，躯干可稍向后倾，尽量将髋部向前送出，若是高前踢，髋部则要尽量向上、向前送。

第三，击打时脚面绷直。

第四，小腿弹出后，在弹直的一刹那，要有一个制动的过程，使脚产生鞭打的效果。

第五，脚尖的方向向前上方。

③前踢的攻击部位。

面部、下颏。

④练习步骤。

第一，采用分解教法，先练提后腿，同时向前送髋。

第二，再练弹出小腿。

第三，完整练习前踢动作并能熟练使用。

第四，左、右架交替练习。

第五，空动作练会后，脚靶配合练习。

第六，两人一组，交替进行前踢的练习。

第七，逐渐提高前踢的高度和远度。

2. 步法与横踢

（1）前滑步。

①前滑步的动作方法。

从右侧姿势开始站立，双脚同步向前跳跃一步，维持右侧姿势准备状态，左侧姿势的执行方法相同。

应用建议：通过向前跳跃步伐，可以缩短与对手的距离，以便在适当的范围内发起攻击。

②前滑步的重点。

在执行向前滑步时，应避免身体重心出现剧烈波动，努力保持重心的平稳转移，双脚轻微离地。

在快速接近对手时，前滑步是一种常用技巧，可用于执行横踢或下劈等攻击动作；面对对手的前滑步，可以通过前腿的下劈、后踢或后旋踢进行反击。然而，有时对手采用前滑步是为了诱使我方进行反击，并在反击后调整重心，以便再次发起有效攻击。在这种情况下，可以选择向后退一步，避免被对手利用。

③练习方法。

第一，练习右架前滑步。

第二，练习左架前滑步。

第三，练习前滑步接后撤步。

（2）后滑步。

①后滑步的动作方法。

从右侧姿势站立，双脚同时向后移动一步，维持右侧姿势的准备状态，左侧姿势的执行方式相同。

应用提示：在后滑步之后，可以紧接着执行反击横踢或前踢下劈。

②后滑步的重点。

在向后移动时，应控制身体重心的波动，尽量保持重心的稳定转移，双脚轻微离地。

后滑步通常用在对方发起攻击时，我方需要迅速与对方保持距离。由于我方有向后的惯性，紧接着使用进攻动作会有一定的挑战，因此更倾向于使用迎击技巧，如后踢或后旋踢等。

因此，当对方使用后跃步时，我方应警惕对方的阻击动作；当我方执行组合动作，对方采取后滑步时，我方通常采用侧踢、推踢或外摆下劈等动作进行应对。

③后滑步的练习方法。

第一，练习右架后滑步。

第二，练习左架后滑步。

第三，练习前滑步接后滑步。

（3）侧移步。

①侧移步的动作方法。

以前脚为轴，后脚向左（右）侧方向移动，用以改变与对手的站位方向。

②侧移步的重点。

一般是将身体重心移向前脚，有利于后腿攻击。

③侧移步的练习方法。

第一，练习右架侧移步。

第二，练习左架侧移步。

④侧移步的实战使用。

当运动员主动进攻，受到对方的迅速迎击时，一般采用侧移步，使对方因调整重心而无暇进行反击。抑或是当对方做出进攻动作时，己方通过侧移步，贴近对方，进而发动进攻。

（4）垫步。

①垫步的动作方法。

右架站立，右脚向左脚内侧上步，同时左腿迅速抬起以便进攻和防守。

②垫步的重点。

右脚垫步时，左脚要迅速提起，重心落在右腿上，右膝微屈。

③垫步的练习方法。

第一，练习右架垫步。

第二，练习左架垫步。

④垫步的实战提示。

使用垫步主要是在主动进攻时用前腿攻击对方。

（5）步法总练习。

第一，几种步法熟练后，可组合起来练习。

第二，结合教练的手势或声音信号练习。

第三，两人配合练习，一人练进攻步法，一人练防守或反击步法。

第四，将两个以上的步法组合起来进行练习。

（6）横踢。

横踢是跆拳道比赛中常用的动作，也是运动员得分的主要技术。

①横踢的动作方法。

第一，右架站立，重心移至左腿。

第二，提起右大腿同时髋部略向左转，膝盖朝前，大小腿折叠，脚面绷直。

第三，继续将右大腿向前抬高，左脚向外侧转动，右腿快速鞭打踢出小腿，膝盖朝向左侧。

第四，用脚面击打对方胸腹部、面部或两肋部（被护具包围的部位）。

第五，击打后，右脚自然下落成左架，然后后撤右脚，还原成右架准备姿势。

用法提示：使用进攻横踢、反击横踢、高位横踢等。

②横踢的重点。

第一，横踢与前踢类似，区别在于横踢腿的膝盖方向在击打的一刹那，是瞬时转髋朝向对方的腹部，而前踢腿膝盖是向前上方击打。

第二，提起右腿时，两大腿内侧之间的距离应尽量小，即右腿尽量直线出击。

第三，为保持重心，躯干稍向左后倾以配合快速转髋。

第四，击打时脚面稍绷直，但踝关节要放松。

第五，小腿弹出后，在弹直的一刹那，要有一个制动的过程，使脚面产生鞭打的效果。

第六，提膝应尽量与转髋同时进行，不能完全转髋后再提膝，这样会造成膝盖过早偏向左侧。

第七，左脚应积极配合髋部的转动，转动时可稍有踮起。

第八，用横踢主要攻击对方胸腹部、面部和两肋部。

第九，反击横踢是按横踢的要领完成动作，只是支撑腿随身体重心的移动轨迹向后或向斜后方移动，当对方进攻时，自己则迅速向后移动重心，使用反击横踢得分。

③横踢的练习方法。

第一，先练前踢，待熟练后再练横踢。

第二，提后腿（提膝），同时转髋。

第三，弹出小腿。

第四，熟练后可练习横踢击打头部（高横踢）。

第五，左右脚交替练习，使两腿都能熟练横踢。

第六，脚靶配合练习。

第七，高横踢击打脚靶。

第八，两人一组，交替进行横踢护具练习。

第九，结合步法移动（前进、后撤、侧向移动）进行横踢练习。

第十，练习反击横踢。

3. 后踢

后踢是跆拳道比赛中最为常用的动作之一，也是运动员反击对方进攻的主要技术。

（1）后踢的动作方法。

①右架站立，重心移至左腿。

②以左脚尖为轴，左脚跟外旋，身体向右后方转动，同时提起右大腿，使大小腿几乎折叠，脚尖勾起，头部稍向右后方转动。

③右腿向后平伸后蹬，在蹬直前膝关节稍外翻。

④用脚跟部位击打对方腹部和胸部。

⑤击打后，右脚自然落下成左架，后撤右脚，还原成右架准备姿势。

用法提示：在对手进攻时使用后踢反击。

（2）后踢的强调重点。

①身体右后方向转动时，要快速提起右膝。

②身体转到背朝对方时要制动，同时右脚后蹬，身体不再转动，膝关节此时的方向应与左腿膝关节方向一致。

③在提起右腿时，两大腿内侧之间的距离应尽量小，即右腿“擦”着左腿起腿。

④身体转动时，头部配合同向转动。

⑤为保持重心，躯干在向下弯曲的同时可稍挺胸。

⑥动作熟练时，转身与后蹬应同时完成。

⑦最后练习后踢击头（高后踢）。

⑧左脚应积极配合髋部的转动，调整好身体重心。

⑨由于对方进攻常常是侧向，后踢的方向应在正前方稍偏向右侧。

⑩用后踢主要攻击对方的胸腹部、头部和两肋部。

⑪运用反击后踢时，可按照后踢的要领完成动作，但支撑腿向前跳。当对方进攻时，应迅速向前移动身体，使用反击横后踢得分。采用后滑步加后踢动作，与对方拉开距离。

（3）后踢的练习方法。

①开始练习时可手扶支撑物，体会后蹬的感觉。

②练习转身同时提关节的动作。

③平伸后蹬。

④进行完整的后踢动作练习，可采用踢打固定靶练习。

⑤熟练后可练习后踢击打头部（高后踢）。

⑥左架、右架均可以同时练习。

⑦练习反击后踢。

⑧用沙袋进行后踢练习。

⑨同伴手持脚靶，进行击打反应靶练习。

⑩同伴穿护具，进行击打后踢反应护具的练习。

⑪复习步法和横踢。

4. 下劈

下劈是跆拳道比赛中常用的动作之一，也是运动员进攻和反击对方进攻的主要技术。

（1）下劈的动作方法。

①右架站立，重心先移至左腿。

②提起右大腿，同时略转髋向左并向上送髋，使右腿膝盖与胸部尽量贴近，身体重心向上。

③右脚高举过头，伸直贴紧上体，上体保持正直或稍前俯，重心向上。

④右脚脚面稍绷直，右腿快速下压（如刀劈木块一样），用脚掌或脚后跟下砸对方的头部，身体重心前移至右腿，身体稍后仰控制重心。

⑤击打后，右脚自然落下成左架，然后后撤右脚，还原成右架准备姿势。

（2）下劈的重点。

①下劈与中国武术中的正踢腿相似，区别在于下劈稍有一点转髋，并且提腿向上时，要向上积极送髋，大小腿之间也可以有一定的弯曲度。

②在下劈时，身体重心向前移。

③上提右腿时，右脚脚面不需要绷直，应自然放松，而下劈时要稍绷直脚面。

④也可直接用前腿（左腿）下劈，右脚进行跟步（即随着身体重心向前移动而向前跳动）。

⑤左脚应积极配合身体向前移动，调整好身体重心。

⑥在练习时，也可采用如武术中的外摆腿和里合腿的下劈方法，只是在下落时是向前方劈下落脚，这分别称为外摆下劈（由内向外摆）和内摆下劈（由外向内摆）。

⑦在比赛中，使用下劈时，对方会头部向后移动来躲避，此时有经验的运动员会在下劈并距离对方面部很近时，有一个向前的蹬踏动作，使对方躲闪不及而被击中面部，这要求练习者有较好的柔韧性和控制腿力量的能力。

⑧用下劈主要攻击对方面部。

⑨腾空下劈是由左架准备姿势站立开始，先将身体重心移至左腿，右腿提膝向上，身体向上跃起，同时左脚蹬地起跳腾空，左腿使用下劈技术向前击打对方面部。

⑩常用在与对方处距离中远时，要求两臂有力上摆，配合右腿上提和左脚蹬地而使身体迅速腾空。

（3）下劈的练习方法。

①开始练习时可扶物先练提腿、提膝和上举腿动作。

②动作熟练后，再进行徒手练习。

③完整练习下劈动作。

④练习外摆腿和内摆腿的下劈动作。

⑤左架、右架可以交替练习。

⑥练习腾空下劈。

⑦用脚靶进行下劈的固定靶和反应靶的练习。

⑧复习横踢和后踢，并结合脚靶进行练习。

5. *后旋踢*

后旋踢亦称后旋，是运动员面对对方进攻的时候进行反击的主要技术，是跆拳道比赛中经常使用的动作之一。

（1）后旋踢的动作方法。

①右架站立，以左脚尖为轴，左脚跟外旋，重心移至左腿。

②身体向右后方转动，同时提起右大腿向斜后方向 40° 左右蹬伸，头部向右后方转动。

③身体继续旋转，右腿借旋转的力量，向后划水平半圆弧线，快速屈膝用脚掌击打对方头部。

④击打后，身体重心依然在左腿，右脚自然落下，还原成右架准备姿势。

用法提示：在对手进攻时使用后旋踢反击。

（2）后旋踢的重点。

①右腿划弧时，应有一个向斜后方向蹬伸的动作。

②身体向右后方向转动的同时要快速提起右腿。

③身体转动时，头部配合同向转动。

④小腿要自然放松，在接触对方头部瞬时绷紧脚面，用脚掌成水平弧线鞭打。

⑤当动作熟练时，转身与后蹬接摆动应同时进行。

⑥左脚应积极配合髋部的转动，在完成整个动作之前，重心一直落在左脚掌前半部分。

⑦后旋踢主要用于攻击对方的面部。

（3）后旋踢的练习方法。

①支撑脚前脚掌着地转动，转身同时向后蹬伸腿。

②右腿向后摆动。

③先练习身体原地转动 360° ，右腿开始摆动时不要求高度，熟练后再逐渐提升摆动高度。

④进行完整的后旋踢动作练习。

⑤熟练后可练习左架的后旋踢。

⑥用脚靶进行后旋踢固定靶和反应靶的练习。

⑦复习下劈和横踢，用脚靶配合。

6. 侧踢

侧踢是跆拳道比赛中主要的防守技术，用来阻挡对方的进攻，但它并不是主要的得分动作。

（1）侧踢的动作方法。

①右架准备姿势站立，将重心移至左腿，同时以左脚前掌为轴，脚跟内旋。

②直线提起右大腿，弯曲小腿，同时向左转髋，身体右侧侧对对方。

③膝关节朝内，勾脚面，展髋，平蹬出右腿，用脚掌外侧攻击对方。

④右腿自然落下，并撤回原位。

（2）侧踢的重点。

①侧踢与散打中的侧踹相同。

②也可用前腿（左腿）直接侧踢对方。

③左脚要配合积极向前移动。

④用侧踢主要攻击对方两肋部及胸腹部。

用法提示：常用的动作是先用侧踢晃骗对方，再立即使用进攻技术如横踢。

（3）侧踢的练习方法。

①先练习提腿转髋动作。

②再练习平蹬腿动作。

③完整练习侧踢动作。

④练习前腿的侧踢动作。

⑤练习侧踢击头动作。

⑥用护具或沙袋进行侧踢练习。

⑦复习后旋踢和后踢，采用脚靶配合练习。

7. 双飞踢

双飞踢简称“双飞”，是跆拳道比赛中较为常用的技术动作，也是运动员主要得分的技术。

（1）双飞踢的动作方法。

①右架站立，重心移至左腿。

②提起右腿使用横踢，然后在右脚未落下时，立即提左腿使用横踢，也就是连续使用两个横踢动作攻击对方。

③击打后，两脚自然落下，还原成右架准备姿势。

（2）双飞踢的重点。

①跆拳道的双飞踢技术，适用于中远距离，一般第一个横踢是为了阻止对方

的进攻或是确定合适的距离，为第二个横踢创造有利条件。

②击打第一个横踢时，身体可稍后倾，以利于做出第二个横踢。

③两腿交换之间，髋部要快速扭转。

④小腿弹出后，在弹直的一刹那，要有一个制动的过程，使脚产生鞭打的动作效果。

⑤用双飞踢技术主要是攻击对方的胸腹部、两肋部和面部。

（3）双飞踢的练习方法。

①熟悉左架横踢和右架横踢动作。

②利用交叉脚靶完整学习双飞踢动作。

③利用护具练习双飞踢动作，配合者原地快速换位。熟练双飞踢后可练习三飞踢（连续三个横踢，前两个横踢主要是缩短与对方的距离，第三个横踢击打主要为了得分）。

④熟练双飞踢后还可练习第二个横踢击打头部（高横踢）。

⑤复习双飞踢。

8. 勾踢

勾踢主要是用前腿击打技术，但是在跆拳道比赛中不常使用。

（1）勾踢的动作方法。

①右架站立，重心移至左腿，以左腿前脚掌为轴脚跟内旋。

②身体向左侧前方转动，同时向前提右腿，头部向左转动。

③右腿膝关节向左内扣，右小腿由外向内有一定弧度地摆动并伸小腿，身体随之侧倾。

④突然屈膝，用脚掌向右横着鞭打对方面部。

⑤完成击打后，右脚自然下落，还原成右架准备姿势。

（2）勾踢的重点。

①为增加击打力度，右腿应先由外向内划一定弧度摆动，再突然向右侧方鞭打。

②击打时，小腿和脚尽量横向鞭打。

③身体转动时，头部配合同向转动。

④在开始时小腿要自然放松，在接触对方头部前再瞬时绷紧脚面，用脚掌击打。

⑤左脚应积极配合髋部的转动，调整好身体重心。

⑥勾踢动作主要是为了击打对方面部。

（3）勾踢的练习方法。

①开始练习时可手扶支撑物，体会向前蹬腿的感觉。

②练习用小腿鞭打。

③进行完整的勾踢动作练习。

④左架、右架均可同时练习。

⑤两人配合用脚靶进行勾踢练习。开始先进行击打固定靶练习，然后再进行反应靶的练习。

⑥复习双飞踢动作，采用脚靶配合练习。

9. 前横踢

前横踢是跆拳道比赛中较为常用的动作，也是运动员得分的主要技术。

（1）前横踢的动作方法。

①左架站立，左脚向前垫步，将身体重心移至左腿。

②提起右腿，向前送髋，大小腿稍折叠。

③绷紧脚面，右膝向内，快速弹出小腿。

④右腿自然下落，两脚同时后撤一步，还原成左架准备姿势。

（2）前横踢的重点。

①前横踢与横踢相似，由于用前腿击打，距离对方近，动作较隐蔽，很难使对方察觉，缺点是击打力度小。

②后支撑脚要配合积极向前移动。

③小腿要快速弹出，尽量增加鞭打力量。

④在击打的一刹那，膝关节朝向对方的腹部。

⑤小腿弹出后，在弹直的瞬间，要有一个制动的过程，使脚产生鞭打的效果。

⑥用前横踢主要攻击对方的胸腹部、面部和两肋部。

（3）前横踢的练习方法。

①侧平举起右腿，大小腿折叠，练习弹出并回收小腿。

②练习垫步动作。

③完整练习前横踢动作。

④右架的前横踢动作熟悉后，再练习左架的前横踢动作。

⑤练习前横踢击头动作。

⑥练习前横踢击腹后，右腿不落地，直接前横踢击打对方面部。

⑦用脚靶进行击打固定靶和反应靶的练习。

⑧同伴穿护具进行击打护具的练习。

⑨复习横踢和下劈动作。

10. 旋风踢

旋风踢（也称后转体横踢）是跆拳道比赛中常用的动作。

（1）旋风踢的动作方法。

①双方闭式站立，己方右架站立，以左前脚掌为轴，脚后跟外旋，重心移至左腿。

②身体右后转约 360°，右腿也随着向后转动。

③身体稍后仰，右脚下落的同时，左脚蹬地使用左腿横踢技术。

④击打后，两脚自然下落成右架姿势。

（2）旋风踢的重点。

①旋风踢主要在中远距离击打对方时使用。

②提起右腿向后转动时，右腿围绕着左腿转动，两腿内侧之间的距离不应过大。

③为保持重心，躯干应稍向后倾。

④击打时左脚脚面稍绷直，踝关节放松。

⑤左小腿弹出后，在弹直的瞬间，要有一个制动的过程，使脚产生鞭打的效果。

⑥左脚应积极配合身体的转动，以左脚前掌为轴转动。

⑦用旋风踢技术主要是为了攻击对方胸腹部、面部及两肋部。

（3）旋风踢的练习方法。

①先练横踢，待熟练后再开始练习旋风踢。

②练习原地转身，右腿要主动配合转动。

③完整地练习旋风踢动作。

④待右架旋风踢动作熟练后，再练习左架旋风踢动作。

⑤左右架交替练习，两个动作之间要向前上一步，使左右旋风踢能连接起来。

⑥脚靶配合练习旋风踢。

⑦结合步法移动（前进、后撤、侧向移动）进行旋风踢的练习。

⑧用沙袋进行旋风踢的练习。

⑨复习旋风踢。

（三）跆拳道的防守技术

跆拳道的防守技术与进攻技术处于同等重要的地位，都是跆拳道技术体系中必不可少的内容。在比赛中，得分多并不意味着就能获胜，还要考虑失分的情况，如果失分比得分还要多，那么结果可想而知。因此，运动员在主动进攻追求得分的同时，还要做好防守，抓住反击机会，这样才能增加获胜的概率。由此可见，防守技术也是跆拳道训练中的重要内容，必须强化防守技术的相关练习。跆拳道的防守主要是通过以下三种途径实现的：一是利用闪躲、贴近等方法，通过脚步的移动，使对方的进攻落空；二是利用手臂的格挡阻截对方的进攻；三是用进攻的方法阻止对方的进攻。

1. 利用闪躲、贴近进行防守

闪躲和贴近是比赛中运动员常用的防守技术，是运动员面临对方进攻时，通过步法移动，向左、向右、向后进行闪躲，从而使对方进攻落空的技术。贴近是对方做出进攻动作的瞬间，己方快速向前与对方靠贴在一起，从而达到对方因距离过近而无法有效实施进攻的技术。闪躲一般包括后撤和向左或向右移动。在比赛中，后撤一般用在双方运动员还没有开始进攻时，由于双方的距离较远，因此后撤可以使对方进攻动作落空，辅以横踢、后踢、后旋踢或下劈动作，可以有效实现对对方的反击；向左或向右移动一般适用于对方进攻时，运动员通过向一侧的步法移动，使自己占据有利位置，从而实现快速击打对方而得分的目的。贴近通常是双方处于距离较近的站位或者进行第一次击打后，一方抓住对方调整重心的时机而采用起腿进攻，另一方采取快速贴近对方的防守技术。

2. 利用格挡进行防守

当运动员利用格挡进行防守时，按照防守方向，有以下三种方式：向上、向（左、右）斜上、向（左、右）斜下。通常格挡防守适用于以下情形：

①当对方快速进攻时，己方无法闪躲、贴近，本能地进行格挡防守。

②在比赛时，己方已经预测到对方的技术，为了快速做出反击动作而有效利用格挡技术。

③通过利用格挡技术，实现进攻和防守的相互转换，为比赛得分创造有利条件。

④需要注意的是，运动员在进行防守时，为了减缓对方的打击力度和效果，常常把手臂放在身体有效得分部位，这是非常不可取的。这种做法虽然使对方失去了得分的机会，但是对方一旦打击力度过大，容易导致运动员手臂或是身体内部受到伤害，并且不利于快速反击。

（1）向上格挡。

①向上格挡的动作方法。

左手握拳由下至上，用左前臂上架格挡，或右手握拳，用右前臂上架格挡，此时手臂上架的同时肘部向内侧移动，即有一个向上并向外横拨的动作。一般来说，运动员右架站立时，用左前臂格挡，更有利于后腿（右腿）的进攻，进攻动作有横踢、下劈等；若运动员用右前臂格挡，则有利于前腿（左腿）的进攻，进攻动作有前横踢、侧踢、下劈等。

②向上格挡的重点。

抬臂要迅速，前臂弯曲上架，头部尽量后仰，不与上架的臂在一个垂直面上，以免对方下劈力量太大，前臂不能有效格挡时，面部遭到对方击打。

如果运动员只是向上格挡，那么容易给对方借力保持重心平稳的机会，进而快速收腿进行下一个动作，使己方处于不利的境地。如果运动员手臂向上格挡的同时辅以向外横拨的动作，那么对方会因借不到力而导致重心不稳，为己方提供反击条件。

运动员利用格挡进行防守时，要掌握好反击的有利时机，要抢在对方调整重心或者进行下一个动作的间隙果断实施反击。

(2) 向（左右）斜下格挡。

①向（左右）斜下格挡的动作方法。

左手握拳由上至下，用左前臂向左斜下方格挡，或右手握拳，用右前臂向右斜下方格挡。一般来说，用左前臂格挡，有利于后腿（右腿）的进攻，进攻动作有横踢击腹或击头、下劈等；若用右前臂格挡，则有利于前腿（左腿）的进攻，进攻动作有前横踢、横劈、侧踢、下劈等。

②向（左右）斜下格挡的重点。

手臂向（左、右）斜下格挡时，幅度要小且短促有力，做完动作后手臂切勿向外撩。

当运动员左（右）前臂进行格挡时，身体要向格挡的反方向移动，这样能躲避对方的踢腿伤害，否则，运动员很容易因对方击打力度过大而造成手臂和身体的伤害。

运动员向左（右）斜下进行格挡时，主要防范对方胫骨以下部位的伤害，同时也要抓住时机快速反击。

需要注意的是，在向左（右）斜下格挡时，运动员要防范对方借力使用高前横踢打击头部的动作。

③向（左右）斜下格挡的实战演练。

防守对方的击打腹部的横踢、前横踢进攻。

(3) 向（左、右）斜上格挡。

①向（左、右）斜上格挡的动作方法。

左手握拳由下至上，用左前臂向左斜上方格挡，或右手握拳，用右前臂向右斜上方格挡。一般来说，用左前臂格挡，有利于后腿（右腿）的进攻，进攻动作有横踢击腹或击头、下劈等；若用右前臂格挡，有利于前腿（左腿）的进攻，进攻动作有前横踢、横踢、侧踢、下劈等。

②向（左、右）斜上格挡的重点。

运动员向（左、右）斜上格挡的动作要求与向（左、右）斜下格挡的要求一致，手臂格挡幅度要小且短促有力，动作完成后手臂切勿向外撩。

当运动员左（右）前臂进行格挡时，身体尤其是头部要向格挡的反方向或者后方移动，远离对方的踢腿动作，换句话说，格挡的前臂不能与头部齐平，否则，运动员会因对方击打力度过大而造成手臂和头部的伤害。

向左（右）斜上格挡时，运动员主要防范来自对方胫骨以下部位的伤害，同时也要抓住时机快速反击。在向（左、右）斜下格挡时，运动员要防范对方借力侧踢腿的动作。

③向（左、右）斜上格挡的实战演练。

防守对方胸部、头部的高横踢、高前横踢、后旋踢、双飞击头的进攻。

3. 利用进攻动作进行防守

在比赛中，运动员面对对方的进攻，常常会采取后退防守的方法，但是，有经验的运动员善于利用进攻动作进行防守，这就是人们常说的“以攻代守”，这种方法在跆拳道比赛中受到运动员的青睐。具体来说，当对方采取进攻动作时，身体重心发生改变，防守者要抓住这个时机，果断采取进攻动作，使进攻者无暇回撤身体，从而陷入被动状态或者失分境地。防守者此时的进攻动作是基于对方的进攻而做出的反应，与平时主动进攻的动作有很大差别，特别是在移动方向和身体姿势上。

二、跆拳道训练方法

（一）跆拳道训练类型

1. 自我练习

在掌握基本的动作要领后，练习者可以加强自我练习，在反复练习中不断巩固、强化正确的动作。练习时，练习者可以借助镜子或者同伴的帮助，不断纠正错误和不规范的动作，调动感觉器官，认真体会动作要领，包括动作的运行路线、方向、角度、用力技巧与击打的准确性以及动作的空间感，形成肌肉记忆。需要注意的是，这阶段的练习侧重基本动作的合理性，不强调动作的力量和速度。在练习中要及时发现并纠正错误，特别要防止动作击打前出现预兆，尽量提高动作的隐蔽性，逐步加大练习的强度和频率。通过反复练习，不断强化运动员的动作意识，使之形成正确的动力定型。

2. 结合步法练习

经过自我练习后，练习者已经能规范地做出标准动作，这时，应结合步法练习，对动作进行分解练习。这种针对性练习，能使练习者在做动作的过程中保持身体平衡，提高行进间完成动作的能力。这个过程强调练习者身体的协调性、完整一致、步到腿到。练习者可采用先移动再进攻，或进攻、移动再进攻等方式进行练习，保证快速、隐蔽、准确地完成各种攻防动作。

3. 空击练习

空击练习是练习者假设自己在某种实战情境中，想象对手采用某种攻防的动作或方法，然后根据自己的实际情况，选择相应的进攻或防守的反击方法。空击练习不仅能有效提高和巩固已掌握技术动作的熟练程度，还能使神经传导通路，即感觉器官→传出神经→运动中枢→传出神经→肢体运动这个复杂的信息传递过程得到改善和加强，提高反应能力和动作速度。空击练习可以分阶段、分步骤来实施，具体要根据练习者的实际情况而定，比如动作的熟练程度、训练要求等，主要有单个技术动作空击、组合技术空击和随机组合空击。单个技术动作空击是针对某个技术动作反复练习，这种练习往往与步法练习相结合，目的是提高技术动作的质量和熟练程度。组合技术空击是在单个技术动作空击练习的基础上，将各个攻防动作串联起来，以一个或多个组合的形式进行的练习，目的是锻炼练习者的身体协调能力和动作间的衔接转换速度。随机组合空击又叫自由空击，是指练习者运用想象，提出各种实战假设，根据对手将要采取的各种行动而进行的随机组合的技术动作练习，目的是提高对技术动作的运用能力和随机应变能力。

空击本质是自我设计假想目标的训练。空击可以自由地选择攻、防、反三种形式，自主地设定这三种形式的配置、组织、转换的实施，有利于形成符合个人技战术特点的组合技战术动作，最大限度地发挥个人特长，逐步建立和完善个人的技战术储备。在无干扰的情况下，确保空击练习中的身体整体性、上下协调性及身体重心与运动方向、趋势的一致性，可表现出动作的自然、协调、轻松，让人赏心悦目。

进行空击练习应注意“4、3、2、1”：

“4”代表前后左右移动的四个方向。空击练习是一个不断移动的过程，攻击中要强化移动的主动性，善于利用空间位置来找寻攻击时机和防守空间（左躲右闪，控制距离）。

“3”代表攻、防、反三种形式的即时转换，无论是进攻还是反击或者是防守，主动性是前提，必须做到有预案、有准备、攻防反运用自如。

“2”代表两个目的：一是整合已掌握的技战术动作组合，在此基础上强化技战术动作质量，完善自身的技战术体系并有所创新。二是通过空击练习储备技战术动作的数量，针对对手的实际情况和水平能力，在不断地筛选、检验、淘汰、细化中，逐步形成符合个人技战术特点的组合技战术动作。

“1”代表一种能力，即临场应变能力。运动员技战术储备越多并善于视情况运用，其临场应变能力就越强。因此，只有经过不断训练、筛选与强化的技战术动作组合，随着训练的不断深入，运动员适应比赛能力的逐渐加强，其比赛经验不断积累，应变能力将日趋完善。

4. 相向空击练习

相向空击练习是指两人间隔一定的距离（以不接触为标准），面对面进行攻防练习的方法。它要求双方运动员视对手的反应而做出与之相对应的合理反应。其特点是双方并无身体接触，因而给双方运动员的技战术动作无限自由发挥的空间，能放开大胆地去做自己想要做的动作，特别是一些难度较大或有创新的技战术动作，使之能在这种反复的练习中，接受不断的检验而逐步提高，日臻完善。相向空击练习的目的是培养运动员的观察力、判断力，提高运动员辨别和掌控时机的能力，增强快速果断的反应及反击能力。它采用的形式可以是一攻一防的练习，可以是互为攻防的练习，也可以根据训练需要而指定或自由进行单个或组合技术动作的进攻、防守、反击的练习，还可以采用一人进攻，众人反击的方式练习。在众多的反击形式中，通过甄别、比较，筛选出若干个适应不同类型技战术特点的反击动作，采用这种方法来启发运动员拓宽思路，开阔视野，在比较中学会甄别，从而找出符合自己技战术风格特点的攻防方法。无论哪种形式的练习，完成动作的速度、力量要按比赛实战的标准去要求。

相向空击训练目的：一是提高判断能力，也就是识别对手动作的真假，对手选用何种攻击动作，攻击的形式，攻击的方向、角度、路线等；二是提高反应能力，做出判断后能快速反应，及时应对，避免失分；三是提高合理选择能力，能根据对手的动作快速反击，其反击形式与动作具有多样性、适宜性、准确性和实效性；四是检验效果，每次练习结束后都要进行评估，检讨反击的实效性（是否得分）、存在的问题、是否最佳方式等。

5. 踢靶练习

踢靶练习是跆拳道训练中常用的方法，目的是提高练习者对技术动作的熟练运用能力，踢靶练习需要教练或队友提供递靶帮助，练习者进行相应的反复强化训练。训练时练习者需要根据递靶的具体情况随机应变，做出相应的攻防动作，从而提高反应能力，建立各种情境下的条件反射，完成技术动作的自动化。按靶的类型可分为踢击脚靶和护具靶，按练习形式可分为踢击固定靶和活动靶，按练习要求可分为技术靶、战术靶和素质靶。不同的类型、不同的练习形式、不同的练习要求都具有不同的目的。

脚靶练习与护具靶练习都具有提高技术动作质量并使之达到自动化的作用。其差别在于运动员对两者的距离感不同。人对距离的判断总是以较大物体作参照物，长时间的脚靶练习或护具靶练习，易造成运动员对距离判断的误差。因此，这两种靶要交替使用，尽可能地减少误差的产生。固定靶练习侧重技术动作的力度和耐久性；活动靶练习侧重练习者的反应速度、距离预测和精准度。技术靶练习是通过踢靶来体验和规范单个动作或组合技术的练习方法，它可以是通过原地练习提高动作质量、击打速度或击打力量，也可以是通过行进间的移动练习提高技术动作在运动中的运用能力等。战术靶练习是根据假设情况有针对性地练习，它是以培养战术意识、提高战术能力为目的，如以调动对手为目的的练习、以模拟对手为目的的练习等。素质靶练习则是以提高动作速度、击打力量和专项耐力等为主要目的的练习方法，如单位时间内完成某一动作的数量或一定数量的动作、在规定时间内完成的练习（速度靶）、在一定时间内尽全力完成一定数量的踢击练习（力量靶）、较长时间的单个或组合动作踢靶的重复练习（耐力靶）等。

踢靶练习无论是脚靶还是护具靶，都应注意在练习中，一是不要等待，即踢击后站立不动地等待靶的下次出现，完成一次踢击后要立即进入下一轮攻击的准备，通过步法来调整与目标的距离，使身体处于随时待发状态。二是不要紧张，在训练的初级阶段极易出现的是动作熟练程度不够，同时又想尽力展现出踢击的速度与力量，但身体的过度紧张而产生极度不协调，影响动作质量和训练效果。要把身体放松，呈现出一个轻松自然的状态，但不是随意。三是不要放弃，即当判断失误时不要因自责而放弃、分神，特别是在自由靶、战术靶练习中。没有谁可以绝对地判断正确，失误是难免的，也是客观存在的，当判断失误时，我们必须快速地进行补救、转换，即便是破坏性动作也是可取的。

6. 条件实战

条件实战是指有一定条件限制的实战练习方法。这是由基本技术、组合技术向比赛实战运用技术过渡的必由之路，也是跆拳道常见的训练方法，这种方法主要根据训练的内容、任务或是为提高练习者某一方的能力来确定。在这个过程中，还可以有目的、有意识地根据练习者的身体条件或技战术特长，培养、提高和巩固他们的得意技，形成绝招等。它具有较强的针对性，对提高各类技战术动作的运用能力有着至关重要、不可替代的作用，是进行实战训练的基础。

条件实战训练首先最重要的是条件的设计。不同的条件有着不同的训练目的，其任务、形式、方法、手段不尽相同，会产生不同的训练效果。制定的条件有两类：一类是针对自己的，旨在提高自身形成各类型技战术特点而进行的训练；另一类是模拟对手技战术特点的适应与破解训练。其次是条件的真实性。作为模拟训练，无论属于上述哪种类型的，给予的条件是否真实，是否符合训练目的，是否有助于提升训练效果，与运动员及对手的身体条件、身体能力、技战术风格是否相符，都要求我们在设计条件时加以筛选检验，尽可能地符合运动员的实际情况，保证训练双方的能力水平在相同的层次上。最后是严格按照条件方案实施训练，但又不拘泥于此，应根据训练进度、评估结果随时调整。

7. 实战练习

实战是检验运动员技战术动作运用能力及其实效性的标准。它既能全面检验以往各种训练方法的训练成果，又能在实战环境下对运动员在智能、技能、体能、心能（心理能力）等各方面存在的问题进行诊断，为比赛和今后的训练提供真实详尽的第一手资料。实战练习从训练方法与手段上来讲，是最能满足一切从实战出发的客观条件，使运动员能直接感受到实战动态变化的真实情况，并能根据这些变化，构建和完善自己的技战术体系，形成牢固的动作动力定型。每次实战训练结束后要认真进行全方位的总结与检讨，教练员要对运动员进行全面的评估，提出不足，为今后的训练指明方向。值得注意的是，过多的实战练习，会使运动员产生运动损伤和厌战的心理障碍，过早地进行实战练习，技术动作易变形，不利于改善动作技术。

不同的训练方法有不同的作用，应根据运动员的实际能力与水平以及训练的目的、任务、内容，将各种训练方法交替进行且有机地结合，科学合理地安排，才能达到预期的训练效果。

（二）跆拳道训练要求

跆拳道技术训练的根本目的是建立合理规范的动作动力定型，不断提高技术动作的数量和质量，以及专项动作的速度、力量和耐力。而且在对方运动员的方向、距离、角度和姿势状态不断变化的动态条件下，使用技术动作进攻、防守和反击，从观察、判断到操作思维，从内动打抢攻，从小动打迎击到大动打反击，从选择战机、选择动作到选择部位等，完成一系列复杂的动作操作过程要求达到准确有效。

跆拳道技术训练的过程往往是练习者建立条件反射的过程，而条件反射的建立依赖一定的刺激物。刺激物指的是对方的动作姿势状态，即诱导信号，练习者根据诱导信号所做出的反应便是效应结果。对方的动作姿势状态是随机变化的，这会导致诱导信号的不确定性和不可预测性，这就要求练习者在对方做出动作的一瞬间，就要完成对这些复杂信息的加工并快速做出反应，这就是人所特有的第二信号系统的条件反射。练习者建立这种动态的条件反射要比学习技术动作本身困难得多，因此，在训练时必须严格按照训练要求来规范动作，以提高技术水平，实现技术动作的自动化，进而建立动态的条件反射。

1. 细致入手，重在纠错

训练往往是一个纠错的过程，当运动员的行为违背技术要求时，便出现了错误。跆拳道运动员面对复杂的技术体系和动态的操作过程，难免会出现技术动作不规范甚至做出错误的行为预判或反应，但是如何对待错误至关重要。因此，在训练中，教练必须高度重视运动员出现的错误，决不能放任不管，要及时指出并纠正存在的问题，只有这样运动员才能快速进步。

跆拳道的技能训练在一定程度上可以理解为运动员不断消灭错误，逐渐建立正确条件反射的过程。只有尽可能地规避或者消灭技术动作中的错误因素，才能提高运动员攻防的成功率，错误越少，运动员越容易建立动态的条件反射。当然，这是一个循序渐进的过程，要求教练在训练中保持高度的敏感性，尽可能地将错误扼杀在萌芽中。

从另外一个角度来分析，运动员每出现一次操作动作的错误，不但自己不能得分，而且还会给对方提供一次得分的机会。自己犯错就会给对手可乘之机，这将降低运动员获胜的概率，因此可以将减少错误纳入技能训练的硬性指标中。在处理运动员出现的错误时，教练要正确分析、及时帮助。比如运动员出现动作规范上的错误，教练必须立即提醒纠正；但当运动员出现观察、判断、选择战机、选择动作、选择部位等较为复杂的错误时，教练需要帮助运动员分析技术原理上的影响因素，使运动员从根源上认识到问题，及时纠正错误。

动作规范性的错误容易改正，它依赖运动员的感觉器官来进行自我控制和调整。而在训练中出现的第二信号系统的条件反射性的错误，是比较复杂且难以纠正的。这是因为运动员在训练或实战中，往往会受到第一信号系统的干扰而做出本能的反应，影响依赖第二信号系统的条件反射的建立。面对这类问题，教练要保持头脑清醒，克服侥幸心理，以严谨的态度和坚韧意志从细节着手，改善训练方法，加入技巧性的训练，与此同时，应加强对运动员在训练过程中的监控与判断，不断强化第二信号系统的条件反射，使运动员克服本能，纠正错误动作，深化正确动作并不断实现动作的自动化。

在训练中值得重视、必须贯彻落实的是：当基本技术趋于成型、稳定之后，完成动作过程中出现的问题，一定要快速改正。只有快速解决问题，才能在实战中占据上风，才具有实战意义和实效性。

2. 练为战用，抓漏补空

漏动作是指战机出现以后没有采取对应措施的行为。根据跆拳道动作与动作之间相生相克的原理，根据运动员在实战中动作姿势状态存在的动作规律，经过比赛实践过程的探索和研究，对运动员所有活动的过程，总结出了“内动打抢攻，小动打迎击，大动打反击”① 的具体行动方案。通过这些行动方案，可以得出“跆拳道运动员任何时候都可以进攻，有进攻就有反击”的结论。

① 邓万金．中国竞技体育核心竞争力动态链管理体系研究 [M]. 广州：中山大学出版社，2017.

要想在比赛中取得满意的成绩，教练和运动员还要加深对各种动态、战机应对策略的理论认识，加强对运动员的应对能力的培养，这两个方面是非常关键的，缺一不可。这就要求运动员在训练时，把理论学习和能力培养放到同等重要的位置。如果理论认识达不到一定的深度，那么教练便无法制定有效的训练手段，更无法实现运动员能力的提升；如果只有理论的深度但缺乏有效的训练手段，那么也无法培养出能力优秀的运动员。

运动员在比赛时，有时会等待熟悉或者有把握的战机出现后才做出有效的反应，这种消极或被动的做法，不仅浪费了大量战机，而且不利于运动员动态条件反射的建立以及应变能力的形成。

“不能漏动作”的要求，促使运动员果断决策，迅速行动，尽可能在实战中多抓战机，多做反应，主动出击，多争取得分。运动员对每次的动态和战机都要及时做出应对策略和行动反应，这样才能尽快建立和培养动态条件反射机制和能力。不漏动作是运动员有效提高跆拳道技能水平的关键，具有省时省力的优点。

3. 防守有度，控距慎退

后退是指对方运动员向前移动或发起进攻时，己方向后移动的行为。后退是一种防守方法，当对方运动员向前移动或主动进攻时，己方只要及时向后移动，便可躲过对方的进攻。后退有一定的好处，但是不能随意应用，因为一味后退会使运动员丧失“小动打迎击”“大动打反击”的得分机会，在比赛中处于不利地位。如果运动员总是选择后退，而不进行主动迎击或反击，那么在比赛中很难取得分数。

根据运动生理学专家巴甫洛夫对人体生理条件反射第一信号系统和第二信号系统的分类，后退躲闪是人的本能反应，属于第一信号系统，也就是说，看到对方发起进攻的技术动作后，运动员会本能地选择后退，这是正常的生理反应。因此，跆拳道技术训练中不准后退的要求，便是为了改变运动员因后退而不得分的问题，强化建立需要人体第二信号系统支配的、能直接得分的复杂动作条件反射的能力。

不能后退主要是对跆拳道技术训练时的要求，针对运动员能直接使用“小动打迎击”“大动打反击”得分时，不采用迎击或反击动作而采用退防动作。但是，在比赛中，基于技术需要或者战术目的而后退不属于不准后退的要求范畴，比如以反击为目的的后退，为了调整自己的比赛节奏、体力而后退，因躲避对方的锋芒而后退等。

第四节 跆拳道段位

一、跆拳道段位制简介

段位制度是发展跆拳道运动的重要管理制度，是对从事和参与跆拳道的运动者进行的技术评定和监督管理，包括晋级、晋段、考试、审批、管理、监督和惩罚组成的制度。

划分段位的基本依据是申请者的年龄、训练年限、技术水平、国际和国内的比赛成绩，执行中国跆拳道协会（CTA）和韩国国技院（KUKKIWON）认可的有关考试标准。

段位制度包括晋级和晋段（国际段位）两部分内容。级位称号由低至高依次为初级、九级、八级、七级、六级、五级、四级、三级、二级、一级。段位称号由低至高依次为一段、二段、三段、四段、五段、六段、七段、八段、九段。

段位称号的适用对象是从事和参与跆拳道运动、自愿申请晋段的中国跆拳道协会的个人会员（包括外籍会员）。

中国跆拳道协会作为中国跆拳道的最高管理机构，全面负责跆拳道的晋级考试工作并制定相关晋级制度及管理办法。在晋级制度管理办法的指导下，各省级体育主管部门或地方跆拳道协会制定实施细则，经过中国跆拳道协会批准后，方可组织实施。

中国跆拳道协会全面负责晋段考试并制定段位制度管理办法，各级会员遵照段位制度管理办法执行。

符合条件的人员上交有关资料和考试费用，晋级、晋段考试审查合格后，由中国跆拳道协会统一颁发级位证书，由中国跆拳道协会与韩国国技院联合统一颁发段位证书。获得中国跆拳道协会颁发的级位和段位证书者，拥有如下权利：

（1）参加中国跆拳道协会组织的各类竞赛、训练、培训等活动。

（2）经中国跆拳道协会推荐，参加国际跆拳道的有关活动。

（3）获得一段以上段位称号者，可到相应的跆拳道协会申请备案，有资格担任跆拳道教练；获得三段以上段位称号者，向所属跆拳道协会和中国跆拳道协会申请，经当地有关部门批准后，可开办跆拳道道馆、学校、训练班、俱乐部以及从事其他和跆拳道相关的培训活动。

（4）获得国际段位称号者有资格推荐比本人低段位的学员晋段。

获得段位称号者出现以下情况之一，中国跆拳道协会将根据情节给予警告、通报直至吊销证书等处罚：

（1）用不正当途径获得段位证书和更改、伪造段位证书。

（2）触犯法律，扰乱社会治安。

（3）无考试资格者进行考试。

（4）其他各种不良行为。

二、跆拳道晋段申请、考试及审批

（一）晋段申请条件

所有申请晋升段位的申请人须满足下列条件：

（1）中国跆拳道协会个人会员，并已经取得跆拳道一级级位资格。

（2）遵纪守法，品德优良，愿意为中国跆拳道事业做出贡献。

（3）符合晋段的年限和年龄规定。

（4）技术水平达到相应段位的要求。

（二）晋段申请

根据会员注册情况，按照以下情况执行：

1. 有区域性团体会员单位的地区

考试申请人经有资格的教练（指已获得段位称号及一级教练员资格）推荐，由所属专业团体会员单位向上级区域性团体会员单位提出申请。

一级区域性团体会员（没有一级区域团体会员的地区，二级区域性团体会员单位也可）根据本地区考生晋段申请情况制订考试计划，至少提前40天向中国跆拳道协会提出书面申请。申请内容应当包括考试时间、地点、所考段位、建议考官名单、考试领导小组人员安排等信息。

中国跆拳道协会根据申请，与晋段考试代理机构协商、审核并批准后，成立领导小组，安排考官，指导申请单位的考试工作。

中国跆拳道协会以文件形式通知申请单位，同时在协会网站上公布考试安排，各地会员都可根据通知要求报名参加考试。

2. 没有区域性团体会员单位的地区

考试申请人经有资格的教练（指已获得段位称号及一级教练员资格）推荐，向所属专业团体会员单位提出申请。

考试人数达到30人，该专业团体会员单位（也可由多家专业团体会员单位联合）在当地体育行政主管部门备案后，向中国跆拳道协会提出组织晋段考试申请。

中国跆拳道协会根据申请，与晋段考试代理机构协商、审核并批准后，成立晋段考试工作小组，安排考官，负责组织考试工作。

中国跆拳道协会以文件形式通知申请单位，同时在协会网站上公布考试安排，各地会员都可根据通知要求，报名参加考试。

（三）考试内容

1. 技术水平考试

（1）基本技术。

（2）品势。

（3）实战。

（4）击破和特技（可自由选择内容）。

（5）具体考试内容由主考官考前宣布。

2. 理论考试（适用于四段以上者）

（1）笔试（理论考卷）。

（2）论文（指定论文题目）。

（3）面试（适用于六段以上者）。

3. 评分

（1）应试者每人满分为 100 分。

（2）每个考官对应试者的评分，60 分及以上者为合格，59 分及以下为不合格。

（3）评分的最小单位为 5 分，例如：55、60、65 等。

（4）每个考官对应试者的评比结果是否合格，应做好记录。

（5）评委三人当中，有两人评 60 分以上时为合格，两人评 60 分以下时为不合格。

（6）各项考试内容中（基本技术、品势、实战、理论）有一项不合格时，按不合格处理。

（7）评分标准为：优秀（90～100 分），良好（80～89 分），及格（60～79 分），不及格（60 分以下）。

（四）申报材料

1. 考试学员

（1）正楷字体填写中 / 英文段位申请表一份，贴近期 1 寸免冠照片一张，并附上身份证或户口本复印件。

（2）打印填写韩 / 英文段位申请表一份，贴近期 1 寸免冠照片一张。

（3）申请二段以上段位者，需附上原段位证复印件。

（4）外籍会员申请晋段，需提供本人在中国的有效暂住证明。

2. 考试承办单位

（1）负责审核考生资格及申请表内容、格式。

（2）按照要求汇总提交考试考生资料与申请表，上报晋段考试小组。

（五）审核标准

（1）考试小组将考试结果及有关资料送交中国跆拳道协会备案。

（2）由晋段考试代理机构审核考试成绩、训练年限、年龄及其他有关内容。

（3）审核结果合格者，在网上公布名单，报送韩国国技院，颁发相应段位证书。

（4）审核结果不合格者，保留一次考试机会，补考相应内容，期间不用再办理申请手续。

（六）段位证书

申请递交韩国国技院后，由韩国国技院按照规定制作相应段位证书。段位证书将由中国跆拳道协会转交考试组织单位，由该单位负责向会员发放。段位证书可以在中国跆拳道协会网站上查询。

第二章　跆拳道训练的学科理论基础

跆拳道是一项内容极其丰富的运动，所以需要系统化地进行跆拳道训练。运动员在训练时一定要遵循跆拳道的基本原则。练习跆拳道不仅需要了解基本的跆拳道知识，还要学习跆拳道训练学科的理论基础，这些都是作为一名跆拳道运动员必须掌握的，这些学科理论能科学有效地指导自身进行跆拳道训练。本章从跆拳道训练的运动学基础、跆拳道训练的生理学基础、跆拳道训练的心理学基础三部分内容进行阐述。

第一节　跆拳道训练的运动学基础

一、运动技能本质

（一）形成运动条件反射与运动技能

1. 运动的反射本质

相关研究发现，任何一项运动都是从感觉开始的，并伴随产生心理活动，最后表现为肌肉的效应活动。

一些专家学者认为，运动的生理机理与暂时性神经有着一定的联系。他们为了证实这个观点做了相关实验。他们在狗身上验证了物质与运动之间会产生的条件反射。可以肯定，运动的生理机理与暂时性神经是有直接联系的。因此，获得运动技能的生理本质是形成运动条件的反射。

2. 运动条件反射形成的生理机理假说

运动条件反射的形成是由诸多非条件反射综合而成的。在正常的生理条件下，条件刺激物以非条件反射为基础，同时加上视觉、听觉、嗅觉等感觉器官的参与，简单的条件反射就形成了。

（二）运动技能的信息传递与处理

信息处理过程是人体受到外部环境的刺激到发生反应的过程。信息处理过程对于获得运动技能具有重要作用。

形成和再现运动技能的信息源（刺激）的来源分别是体外和体内。体外信息源是指在学习体育运动时教师将信息传达给学习者，学习者借助感觉器官和大脑皮质对其进行分析后得出的初步概念。

体内信息源来自大脑皮质一般解释区。大脑的一般接受区由躯体感觉、视觉和听觉的联合区组成，每一部分都具有各种不同的感觉体验和分析能力。

二、运动技能的分类

（一）连续、非连续和序列技能

按照运动开始和结束位置的不同，可将运动技能分为以下三类：

1. 连续性运动技能

连续性运动的开始和结束没有明显的标志，具有不断重复的特点。连续性运动的持续时间长，并有周期性。

2. 非连续性运动技能

非连续性运动的开始和结束没有明显的标志，由多种简单动作共同组成，持续时间短，不具有周期性。

3. 序列性运动技能

序列性运动是由多个非连续性运动组成的，各个环节呈现出顺序性和节奏性，各个环节之间具有连贯性。

（二）大肌肉群和小肌肉群运动技能

运动技能可以按照参与肌肉群体的大小分为以下两种：

1. 大肌肉群运动技能

大肌肉群运动技能是指在运动时需要大的肌肉群体参加才能完成的运动技

能。走路、跳跃等动作属于大肌肉群运动技能。

2. 小肌肉群运动技能

小肌肉群运动技能是指在运动时只需要小的肌肉群体参加就能完成的运动技能。射箭、射击等运动属于小肌肉群运动。

第二节　跆拳道训练的生理学基础

一、运动过程中人体机能的变化阶段

人们在进行运动时，生理机能会发生许多变化，其中的变化也是具有规律性的，包括六个变化阶段。在这里只着重介绍赛前状态、准备活动和运动性疲劳三个方面。

（一）赛前状态

赛前状态是运动员在参加比赛前或者参加运动前生理机能等各方面的变化，常表现为神经系统兴奋性提高、物质代谢增强、体温增高及内脏器官活动增强等情况。例如，心率和呼吸频率加快、血压升高、汗腺分泌增多等。

（二）准备活动

准备活动是指在运动前为正式运动做好机能上的准备。其生理作用主要是有效调整赛前状态，提高中枢神经系统兴奋性；唤醒内脏器官的生理活动机能，提高有机体的代谢水平，使体温有所升高；增加皮肤的血流量，增强皮肤的散热功能，防止比赛时体温过高。

准备活动在时间、强度、内容以及和正式比赛的时间间隔方面都有严格要求，要在遵循人体身心发展规律的基础上灵活把握。具体来说，准备活动应根据运动员的个人习惯、季节更替、项目要求、生理特点等做出适时调整。一般情况下，准备活动的最佳时间应掌握在 10～30 分钟，强度为 45% 的最大耗氧量，心率维持在 100～120 次 / 分，以身体微出汗为佳。

（三）运动性疲劳

运动性疲劳是一种生理现象，一般是有机体在运动的情况下，机体机能下降，工作效率降低，难以维持某项运动的特有水平或强度的生理过程。从生理的角度看，一是运动时能量体系输出的最大功率下降；二是肌肉力量下降或内脏器官功能下降而不能维持运动强度。

运动性疲劳可根据反应时、肌电图、心电图、主观体力感觉等级表、肌力（背肌力和握力、呼吸肌耐力）、生化指标（如血乳酸、血尿素、血氨、尿蛋白、血睾酮 T、皮质醇）等来判断。其中主观体力感觉等级表可以直观地判断身体机能状态。

二、跆拳道运动的物质代谢

（一）糖代谢

在了解跆拳道运动中糖的代谢过程之前，需要先对糖进行一定的了解，例如糖的定义、糖的重要性、糖在人体内产生的作用等。糖作为人体组织细胞中一种重要的组成成分，对人体起着非常关键的作用。人体内的糖能提供人体所需能量的 70%，是运动员所需能量的重要来源。除此之外，由于糖在氧化过程中所需的氧比脂肪和蛋白质更少，因此，糖也是肌肉和脑细胞活动过程中的首选和最经济的功能物质。在跆拳道运动中，糖会随运动负荷的不同，在体内产生不同的变化，也就是说糖的代谢与运动负荷有关。

1. 糖的代谢过程

人体内糖的储存形式为糖原，其在人体内的代谢过程可分为糖原的合成和糖原的分解。其中，糖原的合成过程可分为以下三个步骤：

第一，人体内的糖在消化酶的作用下被转化为易被吸收的葡萄糖分子。

第二，葡萄糖分子在葡萄糖运载蛋白的帮助下进入血液，成为血糖。

第三，血糖进一步合成为大分子的糖原。

糖原的类别有很多，人体内的糖原大部分以肝糖原和肌糖原的形式存在，肝糖原是在肝脏中合成并储存的；肌糖原是在肌肉中合成并储存的。糖原的合成除了以葡萄糖为原料外，还包括一些非糖物质，如人体内的乳酸、丙氨酸、甘油等，这些非糖物质通过肝脏的作用，转变为葡萄糖或糖原，这个过程也被称为糖的异生作用。

糖在人体内的主要分解途径有三种：糖酵解、糖的有氧氧化以及磷酸戊糖途径。以上三种分解途径中，第一种和第二种的过程有能量的产生，在第三种途径中没有能量的产生。

2. 跆拳道运动对血糖的影响

跆拳道运动对人的血糖变化是有一定影响的，但变化的前提是进行跆拳道运动时间的长短以及从事跆拳道运动的类别。一般来说，偶尔进行跆拳道运动的人和正常人的血糖浓度并没有什么不同，空腹血糖值始终围绕在 3.9～6.1 毫摩尔 / 升的范围。但长时间进行跆拳道运动会使血糖水平下降，这是因为在长时间运动的过程中会消耗大量的葡萄糖，引起血糖水平下降。不同类别的跆拳道运动之所以会不同程度影响血糖浓度，主要是因为训练内容和训练强度的不同会引起神经系统兴奋性的不同。

3. 跆拳道运动中的补糖时间

跆拳道运动是一项耗糖量相对较高的运动项目，运动强度和运动量都非常大，因此，要在运动前和运动中进行适量的补糖。为了使运动效果有明显的提高，需要结合跆拳道运动中糖代谢的规律进行科学合理的补糖，其中补糖的时间非常重要。

补糖的最佳时机是在运动前的两小时，在这期间，所补充的糖分可以通过糖代谢释放一定的能量，也可以转化成肌糖原、肝糖原等满足血糖的供给需要，使运动员的血糖水平维持在一个较高的状态。另外，运动前的一个小时内不适宜补糖，如果补糖会使运动员的血糖水平迅速上升，使体内胰岛素大量分泌，胰岛素具有降低血糖的功能，这样一来，反而起不到补糖的作用，还会使运动员出现运动型低血糖，降低运动能力，破坏训练效果。

运动中每隔半个小时，可以选择饮用一些运动饮料来保持血糖水平。不要服用高糖的饮料，因为高糖的饮料不能被吸收利用，延长了胃排空的时间，会影响运动效果。

（二）脂肪代谢

脂肪代谢是指人体内的脂肪在相关酶的作用下，进行消化吸收、合成分解并加工成机体所需物质的过程，脂肪代谢对人体正常生理机能的运动有着非常重要的意义。脂肪代谢的原料是脂肪，这是人体需要的重要营养元素，是供给机体所需的能量，也是能量储存的主要形式。

人体脂肪主要来源于外界的食物供给和人体自身的合成，大部分储存在皮下组织、腹网膜以及内脏器官周围，具有保护内脏、维持体温的功能，并且会随着新陈代谢的不断更新而更新。跆拳道运动对人体脂肪含量的要求较高，因此训练者要想更好地进行跆拳道运动，全面深入了解脂肪代谢的过程是非常必要的。

1. 脂肪的代谢过程

这里所说的脂肪代谢过程指的是脂肪分解代谢过程，共分为三个阶段：

第一阶段：脂肪动员阶段。在这个阶段中，脂肪在脂肪酶的作用下分解成甘油和脂肪酸。

第二阶段：甘油和脂肪酸的氧化阶段。在甘油的氧化过程中，甘油先在酶的催化作用下逐渐形成磷酸二羟丙酮，再经糖酵解或有氧氧化进行供能，或者还可转变为糖脂肪酸与清蛋白结合转运入各组织经 β－氧化供能。在脂肪酸的氧化过程中，有一种重要物质的生成——脂酰 CoA，可以帮助代谢脂肪的中间产物，完成体内代谢脂肪过程。

第三阶段：乙酰 CoA 的彻底氧化阶段。在这个阶段中，乙酰 CoA 经三羧酸循环，最终氧化生成二氧化碳和水，生成的二氧化碳经呼吸排出体外，水则通过汗液和尿液排出体外。

2. 跆拳道运动与脂肪代谢

在一定时间内的有氧运动中，脂肪是人体主要的供能物质，并且其供能比例与时间的长短成正比。跆拳道运动是一项典型的有氧运动，长期坚持进行这项运动，可以有效地改善血浆中的胆固醇含量，降低人体胆固醇，防止动脉粥样硬化，对人体有益。除此之外，坚持进行跆拳道运动，还能防止脂肪在身体的过度积累，具有减肥健美的功效。

（三）蛋白质代谢

蛋白质是构成人体生命的物质基础，是人体一切细胞和组织的重要成分，生命体没有了蛋白质就无法正常生存。在代谢过程中，糖和脂肪是最先进行代谢的物质，蛋白质在最后。人体中如果出现了过多的蛋白质，肝脏就会将其分解，并由肾脏排出。为了保持身体健康，人体每天要摄取一定量的蛋白质保持蛋白质平衡。

1. 蛋白质的代谢过程

蛋白质的消化过程可以分为以下四步：

第一，食物中的蛋白质进入消化道中先被消化成氨基酸，然后被小肠吸收进入血液并运输到全身各处。

第二，氨基酸进入组织细胞被合成各种组织蛋白、酶等蛋白质。

第三，氨基酸进入细胞通过氨基转换作用产生新的氨基酸。

第四，氨基酸进入细胞通过脱氨基作用生成含氮部分和不含氮部分，含氮部分在肝脏转变成尿素，通过泌尿系统排出体外，不含氮部分可以被氧化分解或转变成糖类和脂肪。

2. 补充蛋白质对跆拳道运动的影响

跆拳道运动不仅可以消耗过多的糖分和脂肪，还能消耗部分蛋白质，因此，为了防止蛋白质流失对体内细胞造成各种不好的影响，需要在完成运动后有针对性地补充蛋白质，促进蛋白质的修复和再生，以保证身体健康。

目前，比较理想的跆拳道营养补剂为亮氨酸、异亮氨酸与缬氨酸的混合物，其混合比例为2∶1∶1，这种营养补剂可以促进肌肉力量的生长，满足机体运动后对蛋白质的需求，适用于强度较大的跆拳道运动后服用。

（四）水、盐代谢

1. 水代谢对跆拳道运动中人体的影响和作用

水是人体结构的重要部分，能促进细胞的新陈代谢，并参与维持细胞的正常形态和完整细胞膜的组成。水的含量占据人体的65%～80%，分布在人体各器官和体液中。水的代谢对于跆拳道运动非常重要，这是因为在进行跆拳道运动时，体内的热量变化会引起体温的变化，而水的代谢可以稳定这种变化，保持体内温度的平稳，避免人体温度的失衡。

2. 无机盐代谢对跆拳道运动中人体的影响和作用

无机盐是构成人体组织的重要物质，在人体内含量不多，仅占体重的4%左右，但是其在维持渗透压、维持体内酸碱平衡以及维持神经肌肉兴奋性等方面有着很大作用。在跆拳道运动中，无机盐的代谢能保证体内水的平衡，使身体机能正常运行。

进行跆拳道运动时，为了使无机盐能正常代谢，要注意饮水的量和次数，跆拳道运动员一般会遵守“少量、多次”的饮水原则。如果饮水过多，血液被稀释，不仅心脏负担加重，还会出现消化不良的问题。正确的补水时间是在运动前的10～15分钟或运动中的每15～20分钟，适宜的补水量运动前为400～600毫升，运动中为100～150毫升。

三、身体素质的生理学基础

（一）力量素质的生理学基础

力量主要来源于肌肉，肌肉力量的大小主要取决于以下两方面：

第一，肌肉横断面的大小。肌肉横断面越大，肌肉收缩时产生的力量也越大；体育锻炼可增加肌肉生理横断面，主要由肌纤维增粗、肌肉蛋白含量增加、肌毛细血管增多、肌结缔组织增厚、糖原和酶的含量增加所致。

第二，神经系统的调节。在神经系统的调节支配下，运动可改善主动肌与协调肌之间的协同作用。

（二）速度与速度耐力素质的生理学基础

在速度和速度耐力运动中，肌纤维内肌糖原含量及其无氧酵解能力是其物质基础，神经系统的灵活性是速度素质的基础，各种神经中枢间的协调配合、兴奋与抑制间的交替是肢体快速运动的前提。跑速的步频、步幅等受大脑皮质运动中枢兴奋与抑制的转换能力及中枢神经系统耐受酸性代谢产生刺激等因素的影响。

（三）耐力素质的生理学基础

影响耐力素质的因素主要有肌肉中蛋白的含量、糖原和脂肪的储存、动员能力、肌肉中线粒体及酶的活性等。运动锻炼可提高人体的有氧代谢能力，提高大脑皮层神经细胞的工作能力。

（四）灵敏素质的生理学基础

发展灵敏素质主要是提高中枢神经系统的生理机能，包括神经中枢的机能能力和分析综合能力、完善大脑皮层运动性动力定型、协调肌肉活动和内脏器官机能。

（五）柔韧素质的生理学基础

有机体的柔韧性受到很多因素的影响，比如关节的骨骼结构，关节周围组织的大小，髋关节的韧带、肌腱、肌肉等的伸展性，神经系统对骨骼肌的调节受年龄因素影响，一般年龄越小，发展柔韧性素质越佳。

四、影响跆拳道运动员身体训练的生理学因素

（一）力量素质训练

在跆拳道训练中，运动员要有合格的力量素质。力量素质的训练会根据年龄、性别、激素等多方面因素调节强度。力量素质训练的生理学因素主要包括肌纤维类型、肌肉横断面积以及肌肉初长度。

（二）速度素质训练

速度素质具体分为三大类，其中包括反应速度、动作速度和位移速度。

1. 影响反应速度的生理学因素

（1）中枢神经的兴奋状态。

机体的反应速度主要会受到中枢神经系统的影响，随中枢神经兴奋度而变化，中枢神经兴奋度越高，机体的反应速度也会越快。如果中枢神经系统的兴奋程度降低，可能该运动员处于疲劳的状态，如果运动员休息不够或没有休息好时，中枢神经系统的兴奋度也会受到影响。

（2）遗传因素。

据相关调查研究得知，反应速度会受到遗传因素的影响，遗传率达 75% 及以上会影响机体的反应速度，所以，可以说遗传因素所占比例还是比较大的。

2. 影响动作速度和位移速度的生理学因素

影响动作速度和位移速度的生理学因素有很多，其中运动员的身体形态和发育状况是最为重要的。运动员的手或脚离轴心越远，动作速度和位移速度就会越快。

五、跆拳道运动的能量代谢

（一）磷酸原系统

在跆拳道运动中，能量的主要来源是三磷酸腺苷（ATP），它也是生物体内最直接的能量来源。ATP 储存在细胞中，但肌肉中 ATP 的储存较少，不能满足人体日常运动能量的需要。因此 ATP 的储存量不能决定 ATP 主要作用的发挥，而是决定 ATP 能否迅速合成。ATP 的能量供应如下：在运动开始时，肌肉收缩，储存在细胞中的 ATP 迅速分解。在此过程中，与之紧密相关的是磷酸肌酸（CP），它在迅速地分解，并且放出能量，供 ATP 的再次合成。值得强调的是，CP 在分解的过程中虽然也释放出一定的能量，但这些能量并不能被细胞生命活动直接利用，而是用于 ATP 的再合成，只有 ATP 才是将人体内的化学能转化为机械能的唯一直接能源。

在人体机体内部，ATP 和 CP 都属于高能磷酸化合物，二者所组成的系统被称为磷酸原系统，这个系统是不可替代的迅速能源，为高强度运动提供能量。人们在最开始进行跆拳道运动时，会先由磷酸原供能系统，这是因为 ATP、CP 都以水解分子内高能磷酸基团的方式供能，随着训练强度的增强，ATP 的转换率加快，机体对骨骼肌磷酸原功能系统的依赖性也越大。

（二）乳酸能系统

虽然磷酸原功能系统是功率输出最快、持续时间短、没有中间产物的供能系统，但是在跆拳道运动中，有一些技术训练的运动强度过大，持续运动时间较长，仅靠磷酸原系统供能是不能及时供给运动者 ATP 补充的，需要另一个供能系统的帮助——乳酸能系统（糖无氧酵解系统）。乳酸能系统可以在供氧量满足不了机体需求的情况下，使肌糖原与葡萄糖在无氧分解过程中再合成少量 ATP。

机体内部糖酵解的过程最终会生成丙酮酸。首先，糖从葡萄糖生成 2 个磷酸丙糖。然后，磷酸丙糖会转化为丙酮酸，生成 ATP。在有氧条件下，丙酮酸可进一步氧化分解生成二氧化碳和水。

在缺氧条件下，丙酮酸在乳酸脱氢酶的催化下接受磷酸丙糖脱下的氢，被还原为乳酸。在氧供应充足时，无氧酵解所产生的乳酸，一部分在线粒体中被氧化释放能量，一部分被合成肝糖原等。乳酸是一种强酸，当过多的乳酸积聚在体内时，就会破坏机体内环境的酸碱平衡，使肌肉工作能力下降，造成肌肉暂时性疲劳。

乳酸能系统在跆拳道运动中是一个连续的过程。首先，在运动的初始阶段，经过 ATP 酶的催化作用，ATP 被迅速水解并释放出一定的能量；接着，机体内 ATP 的浓度会暂时下降，但是机体在利用 CP 分解时所释放的能量后，又可以使 ATP 再次合成。糖酵解过程在肌肉利用 CP 的同时被激活，然后肌糖原就会迅速分解并提供运动中需要的能量。通过上述描述，我们可知乳酸能系统在运动中起着非常重要的作用。

（三）有氧氧化系统

除磷酸原系统、乳酸能系统外，有氧氧化系统也是跆拳道运动中常见的供能系统。有氧氧化系统就是在氧气供应充足的条件下进行能量供应的系统，糖、脂肪和蛋白质是此系统中主要的消耗材料，在氧化作用下，以上三种物质最终会被氧化成二氧化碳和水。

与磷酸原系统和乳酸能系统相比，有氧氧化系统最大的特点是能进行长时间的供能，产生大量的 ATP，维持肌肉的工作。据相关数据统计，有氧氧化系统中由葡萄糖氧化所产生的 ATP 是糖无氧酵解的 19 倍，并且还能将糖无氧酵解的产物——乳酸，彻底氧化成二氧化碳和水，释放能量供机体利用。因此，有氧氧化系统是进行长时间耐力活动的物质基础。在练习跆拳道的过程中，可以有效地将无氧代谢过程中产生的乳酸快速地消除掉，以增强运动员的训练能力。

在机体有氧氧化系统中，首先消耗的能源物质是体内的糖原，其次是脂肪，最后是蛋白质。在跆拳道运动中，根据运动进行时间的长短，这三种物质也逐次被分解用以供能。在运动时长不超过两小时、运动强度较低的情况下，糖原是最先供能的物质；在运动时间不超过半个小时、运动强度为中低强度的情况下，脂肪为主要的供能物质。

脂肪与糖原虽然都适用于中低强度的运动供能，但其比例会随着运动强度的增大而逐渐降低，这是由于脂肪在氧化过程中对糖原有着一定的依赖性。当肌糖原逐渐被耗尽时，脂肪与糖原的供能比例才逐渐升高。当运动时长超过半小时，运动强度较大时，此时的供能物质就会有蛋白质的出现。

六、跆拳道运动中常见的生理反应

（一）极点和第二次呼吸

体育锻炼中，当人体的生理平衡受到暂时性破坏时，可能出现某些生理反应，如极点和第二次呼吸是长距离运动中常见的生理现象。只要坚持运动和处理得当，极点现象是可以得到延缓和减轻的。

1. 极点

我们常常会有这种经历：800 米或 1000 米跑步结束后，有的人会出现两腿发软、浑身乏力、呼吸困难等情况，这是由于他们缺乏日常的训练或者身体机能状态不佳，在运动生理学中，我们常将这种现象概括为极点。

极点是一种正常的生理现象，主要是由内脏器官的生理惰性引起的，体内各器官及系统都需要一段时间来适应剧烈运动。

如果长期处于安静状态下的有机体突然进行剧烈运动，虽然四肢能快速进入状态，但是内脏器官在短时间内不能达到最高机能水平，难以满足机体所需，这会使有机体体内缺氧。由于身体产生了大量的乳酸和二氧化碳，暂时破坏了自主神经中枢和躯体性神经中枢之间的协调程度，就会使极点现象产生。

极点出现与训练水平、运动前的准备活动有关。训练水平低或运动前准备活动不充分，都会出现极点反应。经常参加锻炼的人，极点出现较晚，持续时间短，身体反应较轻。

2. 第二次呼吸

第二次呼吸出现在极点现象之后，是有机体凭借强大的意志，在继续运动过程中通过有效的节奏调整，改善了极点带来的各种不适应状态，呼吸变得顺畅，机体力量有所恢复，动作也变得轻松起来，这种状态便是第二次呼吸。

第二次呼吸产生的主要原因是内脏器官得到缓解，体内的供氧量也随之增加，这时乳酸渐渐减少，当运动速度下降时，每分钟的需氧量会随之下降，乳酸的产生量也会减少，机体的内在环境得到改善，之前被破坏的动力定型得到恢复。

（二）运动性腹痛

运动性腹痛是中长距离运动中常见的一种生理反应，是在运动过程中或结束时产生的腹部疼痛，经检查无其他疾病原因。

1. 症状

运动中出现腹痛，其特点为除腹痛外一般不伴随其他症状。多数表现为安静时不痛，运动时才痛。它与运动过程中肝脏瘀血、呼吸肌痉挛或活动紊乱、胃肠道痉挛或功能紊乱有关。由此可见，腹部疼痛程度与运动量、运动强度有很大关系，一般成正比：运动量变大或运动强度增加时，身体疼痛明显增加；运动量变小或运动强度减小时，疼痛明显减弱。

2. 处理及预防

在运动中一旦出现腹痛，机体要及时做出调整。运动速度上适当减慢，运动强度上有所降低，同时深呼吸，及时调控呼吸和运动的频率，按压腹部，这时疼痛一般会有所减缓。如无效或疼痛剧烈时则应停止运动，及时就医。

（三）运动性贫血

运动性贫血是指由于运动引发的血液中血红蛋白含量减少的现象。

1. 症状及原因

出现运动性贫血时，人体往往会出现头晕、恶心、呕吐、气喘、体力下降，以及运动后心悸、心率加快、面色苍白等症状，其特点是症状显现缓慢。

运动员往往会进行高强度的训练，长此以往，机体内部的血浆容量不断增加，红细胞不断被破坏，同时伴随着大量地出汗加速了铁元素的流失，若运动员营养摄入不足，铁元素缺乏，将会引发运动性贫血。大量研究表明，中长跑运动员发生运动性贫血的概率明显高于常人；受生理周期的影响，女性运动员铁元素流失较多，因此也增加了运动性贫血发生的情况，进而对身体健康产生不利影响，降低训练效果。

2. 处理及预防

当有机体在运动时出现不良症状比如头晕、无力、恶心、呕吐等，应当及时减少运动量，降低运动强度，必要时暂停训练，补充机体所需的蛋白质和铁。预防运动性贫血，需在运动训练后及时补充水分、电解质和维生素，也可选取一些专业运动饮料；另外，还要注意训练期间的营养补充。

无论做哪些运动，都应做好充分的准备活动，这是预防运动损伤的关键。由于每个人的身体条件、身体素质不同，不能确定在运动过程中会有什么样的突发情况，只有做好充分、全面的预防准备，才能最大程度上避免在运动中受伤。准备活动的内容要根据个人的身体特点、运动项目、运动强度、气候变化等因素进行科学合理的安排。尤其是针对极易损伤的部位，更要加强防范意识，选择适宜的运动服装和设备，在环境较好的运动场所进行锻炼。

第三节　跆拳道训练的心理学基础

一、跆拳道与心理效应

人的健康不仅包括生理上的健康，还包括心理上的健康，并且生理状态和心理状态相互影响，相互调节。权威的医学研究证明，人的大脑中存在着一种与身体和心理都具有密切关系的化学物质，它在调节人的身体免疫系统的同时还影响着人的思想感情。也就是说，在保持良好心态的同时，人体内也在分泌着各种有益于身体健康的化学物质，在生理和心理的双重作用下，人的免疫机能会大大提高。

医生在进行康复治疗时，会建议患者保持一个乐观、积极的心态，因为这样对于身体的恢复有着很大的帮助。如果患者每天都笼罩在负面消极的情绪中，不仅不能让病情有所好转，还可能导致病情的恶化。

长期坚持跆拳道运动对人的心理健康具有正面的影响，这体现了传导兴奋的原理。传导兴奋原理认为神经信息具有双向传导的作用，以大脑和肌肉为例，神经兴奋既可以从大脑传至肌肉，也可以从肌肉传至大脑。

在神经兴奋传导的过程中，肌肉活动越积极，对神经的刺激就越大，大脑就越兴奋，情绪就会高涨；若肌肉活动比较消极，对神经的刺激随之减少，大脑兴奋性降低，情绪就会低沉。从原理中我们可以得知运动能有效地调节情绪，因此很多医学研究者也将运动疗法作为治疗过程中的方案之一。

跆拳道的心理学基础集中反映在跆拳道运动的过程中。跆拳道对人的心理有调节作用，能使心理朝着健康方向发展。同时，进行跆拳道的训练能建立起优良的心理品质，而优良的心理品质又对跆拳道训练有促进作用。

实验研究发现，个体的心理过程和心理特征与个体的运动行为之间的关系十分密切。因此，个体的心理过程和心理特征对个体参加跆拳道运动的自觉性、积极性和主动性有着直接的影响。参加跆拳道运动，又会使个体的心理水平得到提高和改善。一般来说，跆拳道的心理效应在认知能力、动机、情绪情感和意志品质这几方面都能表现出来。

（一）跆拳道与认知能力

对于个体来说，认知能力是先天获得的，与遗传因素有很大关系，但认知能力也会受到环境、心理和年龄等因素的影响。

跆拳道运动对认知能力的发展有促进作用。在跆拳道运动过程中，不仅要完成有机体对外部环境和事物的感知、判断，还要对机体内部进行实时监控，及时调整自己的身体，完成要求的动作。跆拳道运动对提高个体的感知能力、知觉判断能力具有重要作用。经常进行跆拳道运动能提高动作的反应速度，使人更加灵敏。同时，还能锻炼人的记忆力、判断力和思维能力。

在跆拳道运动中，个体能感知到直接作用于感觉器官的动作、音乐以及相关的肌肉、神经等的刺激。同时在思维和指导员的共同作用下，个体能在大脑中创造尚未做出的动作形象，以此达到创造新动作的目的。

在智力层面，认知能力是智力的表现和反映，一般可以通过认知能力判断智力水平。长时间参加跆拳道运动对于提升智力有很大的帮助。参加跆拳道训练能促进个体的注意力、记忆力、想象力、反应能力和思维能力的提高，同时能使个体情绪更加稳定，并养成开朗的性格。

（二）跆拳道与动机

跆拳道是一项以锻炼身体为基础，娱乐身心的健身运动项目。在跆拳道运动中，个体对训练环境和指导员的业务能力等有好奇心理，这种好奇心理就是动机。动机是指个体参加活动时的内部动力或心理因素。它的意义是推动个体参加活动，并将活动导向一定的目的，以满足个体的需求。

由于个体的成长环境各有差异，个体的个性心理也有所不同。这决定了参加跆拳道运动时的心理需要、动机层次、动机指向以及动机指向的深度和广度都有所不同。

一般来说，在某一时刻最强烈的需要就是最强动机，最强动机对个体行为的推动作用更强。在跆拳道运动中，个体的参与动机不仅有一个，而且会发生变化，一般是多个动机共同发挥作用。

参加跆拳道的动机一般有以下几种：

第一，满足精神需求。

第二，锻炼身体。

第三，休闲娱乐。

第四，丰富自身社会经验，社交。

第五，锻炼意志力。

第六，丰富审美情趣。

（三）跆拳道与情绪、情感

情感充斥在日常生活的每时每刻，但在多种因素的影响下，情感会通过复杂的心理情绪表现出来。情绪是人对事物态度的体验，反映了个体需求的满足情况。

有研究表明，参加跆拳道运动会给情绪带来好的影响。在复杂的社会环境中，当人们面临各种压力时会出现紧张、焦虑、忧郁、压抑等不良情绪。跆拳道运动的情感体验非常强烈，它对个体心理有很大的影响。这些强烈的情感体验对个体的情感调节能力的提高和情感成熟有明显的促进作用。因此，在日常生活中，人们可以通过参加跆拳道运动调节自身情绪。

在情绪调节方面，跆拳道的作用有长期效应和短期效应两种。相关研究发现，短时间参加跆拳道运动对于改善紧张、焦虑和抑郁等不良情绪有显著效果；长时间参加跆拳道运动，能提高个体的社交能力和沟通能力，改善人际关系，个体能产生亲近、信赖和谦让的心理感受，从而在心理上建立起归属感和安全感，对社会的适应能力也会增强。

（四）跆拳道与意志品质

参加跆拳道运动能使个体的意志品质更加坚强。坚强的意志品质是克服困难、完成各种实践活动的重要条件。培养坚强的意志品质需要两个必备条件，一是明确目的，二是克服困难。

在跆拳道运动中，个体要有明确的目的。在学习和训练过程中要克服恶劣的天气条件、不断提升的动作难度等客观困难和畏惧心理、身体疲劳、运动损伤等主观困难，这就需要个体要具有足够坚强的意志品质。

跆拳道运动对意志品质的教育表现为在行动中不畏挫折和失败，不惧困难和障碍，凭借顽强的毅力实现最终目标。

二、运动员运动技能学练的心理过程

（一）感知过程

1. 运动与感觉系统

（1）视觉。

在跆拳道运动中，无论是在训练时还是在比赛时，视觉对于跆拳道运动员来说都是非常重要的。在训练时手拿练习器材，在比赛时捕捉对手，这都需要视觉的帮助。

（2）听觉。

跆拳道运动离不开听觉的帮助，听觉能在一定程度上刺激动觉中枢的兴奋度。当动觉中枢兴奋度提高时，会产生强有力的节奏感，这样能引发听觉和动觉的联合知觉，联合知觉能帮助运动员感知新的技术动作，并且有助于运动员学习新的动作技术。

2. 运动与知觉系统

（1）空间知觉。

方向知觉和距离知觉都属于空间知觉，运动员可以借助方向知觉和距离知觉掌握动作技术的正确位置。

（2）运动知觉。

自身运动知觉与对外界物体运动知觉都属于运动知觉。在技术训练中，良好的运动知觉有助于运动员把握正确的动作要领以及动作时间、空间变化，可促进运动员技术水平的提高。

（二）记忆过程

运动员在训练时，需要一个动作重复练习多次，这主要是为了加深记忆。在跆拳道运动中，每一个动作都是和记忆有联系的。运动记忆主要是靠人体肌肉活动产生的，因此，运动记忆和其他记忆有着明显不同。

运动记忆分为长时记忆和短时记忆，短时记忆是指当停止某一动作练习后，随着时间的变化遗忘的速度也会发生变化，遗忘的速度先快后慢，但是记忆的内容并不会全部忘记。长时记忆是指当学习一项技能后，在熟练掌握后能记忆相当长的一段时间。运动员的长时记忆能使其形成良好的动作自动化。

三、影响运动员跆拳道训练的心理因素

在跆拳道运动中，很多潜在的心理因素都会影响运动员的训练，其中主要受以下几方面因素的影响：

（一）心理定向

心理定向主要是指在运动开始前以及运动完成后，内心的建设和注意的事项是具有指向性的。在跆拳道运动中，心理定向是十分重要的，心理定向能帮助运动员提高动作技术。

运动员掌握准确的心理定向能使动作完全符合技术特点，这主要是因为其在运动时大脑中已经呈现出了完整的动作模式，身体会根据大脑呈现的模式行动。

在跆拳道运动训练的过程中，运动员选择不同的运动方法会产生不同的心理定向，不同的心理定向也会影响技术的使用，这主要是因为运动员注意力集中点不同。所以，正确的心理定向对运动员具有重要的影响。

（二）情绪

心理学研究表明，良好的情绪对于人的活动能力有显著的提高作用。一般来说，情绪能提高人的运动能力，焕发人的精神，增强人的力量，提升人的主动性和承受能力。不良的情绪会让人精神萎靡、无精打采、注意力不集中。在跆拳道运动中，情绪具有重要作用。跆拳道是一项充满生机与活力，洋溢着热情的运动，跆拳道运动需要借助运动员的情绪来感染观众的情绪。这就要求运动员在运动的过程中时刻保持愉悦的心情。

在跆拳道运动中，训练是枯燥的，有许多技术动作是需要反复练习的，如果运动员情绪不稳定，自我控制能力弱，心慌意乱，忧心忡忡，将难以完成技术动作。良好的情绪可以起到“增力”作用，能使运动员充满力量，而不良情绪会造成运动员精神不振，“减力”的作用是显而易见的。因此，良好的情绪是跆拳道训练的关键，运动员的情绪稳定，情绪高昂，将获得良好的运动效果，还有利于运动员运动水平的提高。

（三）意志

跆拳道运动能使参与者的意志品质更加坚定，意志与行动之间具有密切的关系，坚强的意志品质又会对跆拳道产生积极影响，坚定的意志能帮助运动员实现自己的目标，还能帮助运动员克服困难，跆拳道运动员坚定的意志品质主要表现在对动作技能的掌握、运动成绩的提高和身体素质的提高等。

首先，肌肉在跆拳道运动中比在平时生活中的紧张程度更高。要在不同的训练场地或者不同的比赛场地上完成动作，并要在不同场景和不同的困难条件下完成动作，这就要求运动员具有坚强的意志品质支撑其克服困难。

其次，在跆拳道运动中，需要运动员的机体各系统全面运转。因为运动员需要注意力高度集中，这样很容易使运动员产生疲劳感，甚至还会发生运动损伤，所以运动员需要凭借自身的意志力克服来自内部和外部刺激的不良影响。

最后，初学者在跆拳道训练的初期，会遇到一些比较难完成的动作，这时他们会产生畏惧的心理。如果这时运动员拥有坚定的意志，能使其增强自信心，并且顺利完成训练。

（四）智力

人的智力影响着人身体活动的方方面面，跆拳道运动也不例外。跆拳道运动需要运动员用敏锐的观察力、精准的记忆力、丰富的想象力完成不同难度动作的创编和练习，如果智力没有得到很好的发展，身体的活动能力就会受到限制，因此，智力的发展与身体活动能力的发展在跆拳道运动中存在非常密切的关系。对于一个优秀的跆拳道运动员来说，表现力、创新力、思维能力等都是必不可少的，要在成长过程中重视智力的发展。

第三章　跆拳道的体能训练

体能训练是运动训练的重要组成部分，适应专项需要以及合理负荷的肌肉练习，有助于促进运动成绩的提高。本章为跆拳道的体能训练，简要介绍了跆拳道对体能的基本训练内容，包括六个方面，分别是力量训练、耐力训练、柔韧性训练、速度训练、灵敏度训练、抗击打能力训练。

第一节　力量训练

一、最大力量训练

在跆拳道项目中，最大力量的表现通常与动作的击打力量密切相关。这意味着跆拳道运动员的肌肉需要通过最大随意收缩产生足够的力量来执行技术，如踢或打击。为了提高最大力量，训练重点通常会放在增加肌肉力量、提高神经系统的效率以及改善技术执行上，包括进行重量训练、爆发力训练，以及技术练习和调整。在跆拳道运动中，最大力量的提高不仅能增加技术的威力，还可以提高运动员的自信心和竞争力。因此，训练计划通常会综合考虑提高最大力量的各个方面，以便全面提升运动员的表现水平。

（一）改善神经调节机制，提高肌肉协调能力

跆拳道比赛按运动员的体重分级进行，增大力量而不增加体重尤为重要。这种训练途径符合跆拳道运动的特点，能满足跆拳道比赛的要求，既有效地提高最大力量又不增加肌肉体积。训练时可以采用以下几种方法：

1. 肌肉收缩—放松的训练

在运动员在发起动作之后回收的过程中，或动作的间歇中（跆拳道比赛中，双方运动员有较多的相对对峙），应尽量使肌肉保持合理的放松，克服较长时间的紧张僵硬状况，在击打过程中肌体要遵从放松—紧张—放松的原则，如此，才能有利于肌肉迅速补充能量物质；有利于神经调节机制得到缓冲，为下个动作的出击积蓄力量；有利于减少对抗肌对主动肌、协同肌的负面影响，从而保证每一个动作都能发出最大力量。

2. 保持对肌肉刺激强度的训练

通过强调速度和力量来执行动作，可以有效地刺激神经系统和参与工作肌肉，从而促进力量的增长。在进行空击、踢靶或者打沙包等训练时，确保动作的速度和力量达到最大，可以帮助运动员更好地适应比赛中的高强度要求。此外，这样的训练还能提高技术动作的质量和效果，进一步增强运动员的竞争力。综合采用这样的训练方法，结合技战术动作的模拟和改进，可以使运动员在跆拳道项目中表现得更加出色，为其取得更好的成绩打下坚实的基础。

3. 整体发力的训练

在跆拳道比赛中，完成击打动作时应充分调动大肌肉群的参与，克服只有局部肌肉参与的弊端。如横踢击打，发力顺序依次是击打腿蹬地→向前提膝→同时转髋、扣膝、支撑腿旋转→小腿由屈到伸鞭打，由髋带动大腿、大腿带动小腿，聚集全身之力协调一致而发起击打动作，决不能由小腿带动大腿，这样不利于充分调动全身的主动肌、协同肌参与完成动作，反而会呈现出动作不协调、击打不完整的状态而使力量分散。同时，在击打的瞬间要发声助威，以气催力。在训练中，跆拳道运动员要善于学习和掌握全身整体协调一致的发力方式和技巧，保证每一次训练、每一个动作都严格按照完整发力的要求去完成练习，保证动作能发出最大力量。

4. 保持击打合适距离的训练

动作的力量与其运行的距离有密切关系。通常情况下，动作的运行距离越长，产生的力量就越大。在跆拳道运动中，腿法或拳法动作的力量发挥需要考虑击打距离。为了确保动作发挥最大的力量，运动员需要随时调整适宜的击打距离，可以通过步法的移动或动作姿态的微调来实现。对于跆拳道运动员来说，掌握如何调整击打距离以最大化力量输出是非常重要的技能。这需要通过反复的训练和实践，以便在实战中能做出准确的判断和调整。

（二）增加肌肉的生理横断面积，提高最大力量的训练

1. 负荷强度

采用运动员最大负重的 60%～85% 的强度进行重复练习，可以促进肌肉的功能性增长，并增加肌肉的生理横断面积。确保训练强度在适当范围内非常重要。使用 100% 的极限负荷强度应该谨慎，因为过度负荷可能导致肌纤维过度粗壮，容易增加运动员受伤的风险，或者给运动员带来心理负担。在制订训练计划时，需要综合考虑运动员的个体特点和训练目标，避免过度负荷造成的不良影响。通常来说，每周穿插进行 1～2 次高负荷强度的训练是合理的，但具体的训练频率和强度应根据运动员的身体状况、训练阶段和目标灵活调整。这样可以确保训练的有效性和安全性，为运动员的发展提供良好的支持。

2. 练习的重复次数与组数

练习时可以安排 5～8 组，或者更多的组数，每组进行 4～8 次训练，具体的训练次数和重复次数都可以根据运动员的实际情况和能力水平适当调整。这样的训练安排可以有效地增加肌肉的刺激强度，并且有助于改善和提高肌肉的能量供应，从而促进肌肉横断面积的增大。特别要强调的是，在最后几组和重复练习中，必须保质保量地认真完成。确保在肌肉疲劳的状态下继续提供足够的刺激，促进肌肉横断面的增大。当最后几组练习时，参与工作的运动单位会达到最高，身体机能也会有所下降，这时候的训练类似于完成极限负荷的用力，对肌肉的刺激效果会更显著。因此，确保在训练的最后阶段保持专注和认真，完成每次练习，对于提高训练效果和促进肌肉生长至关重要。

3. 练习的持续时间

可以放慢每次练习的动作速度，完成动作的过程要自然连贯，无停滞现象，约 4 秒钟完成一次练习。这样有利于参与工作的肌纤维变粗，肌肉横断面增大。

4. 组间间歇时间

完成一组练习后，肌肉所产生的疲劳感基本消除之后，再进行下一组练习。高水平运动员一般组间间歇 2～3 分钟，力量水平较低的运动员可适当延长间歇

时间。在间歇过程可做一些短促的快速动作练习（如 10 米左右的冲刺、5 秒以下的高抬腿或左右提膝等）和放松练习，加快疲劳恢复。

5. 最大力量训练的要求

（1）最大力量训练应采用克制性和退让性相结合的动力性练习。

（2）在发展最大力量训练时，最大负荷不宜过多采用，一是因为最大负荷只能重复 1～2 次，二是因为在最大负荷的练习中，极易受伤并造成运动员的心理障碍。

（3）最大力量的训练内容和方法要符合运动员的实际情况。把一般性力量练习和有针对性的专门力量练习相结合，合理安排，并将一般性练习放在前面进行。

（4）最大力量训练要把大、小肌肉群的练习结合在一起统筹安排，先安排大肌肉群的最大力量练习，再安排小肌肉群的快速力量练习，避免小肌肉群受伤。

（5）跆拳道是以体重分级的对抗项目，需要发展相对力量。因此，在最大力量训练中要严格注意控制体重，多以提高肌肉内的协调能力的方法来发展最大力量，既增加了相对力量，也使体重不因力量增大而增加。

二、速度力量训练

速度力量是运动训练的重要素质。它是指在做动作时，运动员能将速度和力量有机地结合起来，表现出综合的特征。这种力量素质的提高不仅能让运动员在运动中更加迅速、灵活，还能增强爆发力和动作效果。训练速度力量的关键在于综合性和协调性。通常，训练方法会将力量训练和速度训练结合，例如，重量训练、爆发力训练，以及快速动作的训练等。这些训练能促进神经肌肉系统的适应能力，使运动员能在需要时迅速产生强大的力量，并以极快的速度执行动作。

速度力量水平的高低可用速度力量指数进行评定和衡量。在训练中，逐渐调整负荷和速度的配比，根据运动员的反馈和进展进行调整，才能最大限度地发挥速度力量的潜力。

速度力量是跆拳道项目首选的力量素质。在跆拳道运动中，腿法的快速和有力执行非常重要，这取决于肌肉的体积，更关键的是肌肉纤维的快速收缩能力和肌内、肌间的协调性。这种能力使运动员能在短时间内产生强大的力量，快速完成攻击或防守动作。因此，跆拳道的速度力量训练重点是提高肌肉收缩工作过程中各参与工作肌肉间的协调能力和快速运动能力。

（一）速度力量训练的强度和量的安排

肌肉工作的方式：发展速度力量主要采用动力性的工作方式，包括克制性的、退让性的等动和超长的工作方式。

负荷强度的大小：负荷强度可以在较大的范围内波动（30%～100%），应根据练习的性质和目的而定。如动作难度较高、参与工作的肌肉较多的速度力量练习，负荷强度可以达到最大力量的 70% 以上；专项动作如负重的踢击练习则可用最大力量的 30%～50%。总之，重点发展爆发力时，负荷强度要大一些，而提高动作启动力量时，负荷强度则要小些。

动作的练习速度：如果训练的主要目的是提高爆发力，可采用次极限速度；如果训练目的是提高出腿的速度力量，可采用极限速度。若采用等动练习法，则力求在 150 弧度 / 秒以上的角速度条件下完成动作。

组间间歇：组间休息必须保证机体工作能力的恢复和非乳酸性氧债的清除。局部肌群投入工作的短时性（3～4 秒）练习的间歇时间可以在 30～40 秒；全身性肌肉工作或单个练习的时间较长，间歇时间可在 3 分钟以内，个别情况可达 3～5 分钟。在间歇中可视情况做一些适当的放松运动，保证在下一组练习前使身体调节至最佳状态。

一次课练习的组数：练习的组数和重复的次数不宜过多，应根据练习的性质和负荷的大小来确定，应以不降低动作练习速度为原则。负重量大，练习强度大，则重复次数少，反之则多。普托拉诺夫总结当今优秀运动员发展速度力量的训练实践后认为，一次课的练习组数在 2～6 组内波动。德国的比勒和他的小组认为，当负荷强度为 30%～50% 的紧张练习时，练习的组数为 5 组。

（二）发展速度力量的常用训练方法

1. 负重练习法

在跆拳道训练中，经常使用负重和专项动作相结合的形式发展速度力量，提高动作速度。在进行负重的速度力量训练时，需要平衡负重的大小，以确保既能有效地提高力量，又不影响动作的速度和流畅性。如果负重过大，可能会导致动作执行速度减慢，从而降低训练的速度力量效果。反之，如果负重过小，可能无法有效地激发肌肉力量，也难以达到训练的预期效果。采用运动员最大负重的40%左右进行速度力量训练是常见且有效的方法，这种负重可以有效地增强肌肉力量，同时又能确保运动员能以较高的速度完成动作。

间歇时间在速度力量训练中非常重要。它需要既能提供足够的休息恢复肌肉力量和中枢神经系统的活力，又不能时间太长以致影响训练的效率和质量。通常情况下，2～3 分钟的间歇时间是比较合适的选择。这段时间足以让肌肉得到充分的恢复，同时又不至于让运动员的身体完全进入休息状态，保持一定的训练状态。过长的间歇时间可能使肌肉温度下降，肌肉变得僵硬，影响下一组动作的执行效果。此外，长时间的休息也会降低训练的强度和紧张度，影响训练的效果。

2. 徒手练习法

徒手练习法是一种非常有效的训练方法，特别适用于那些不需要额外器械的场合或者想要重点锻炼身体核心力量的人。徒手练习可以有效地锻炼身体的力量、稳定性和灵活性。这种方法可以通过各种练习形式结合专项动作克服自身体重，从而实现锻炼的目的。比如，俯卧撑、仰卧起坐、深蹲等动作都可以作为徒手练习的内容，通过不同的组合和变化来达到全身肌肉的训练。

（三）速度力量训练的要求

在速度力量训练中，需要注重局部和整体训练的结合。综合性的训练方法有助于全面提高运动员的速度力量水平，从而在比赛中更好地发挥实力。局部速度力量训练主要是针对特定的肌肉群或动作进行有针对性的练习，这有助于提高某一部位或动作的爆发力和速度。然而，只进行局部训练是不够的，因为人体的运动是一个整体协调的过程，需要各个肌肉群之间的密切配合。全身速度力量水平的提高对于运动员的整体表现至关重要。为实现这个目标，我们可以将单个动作的速度力量练习与组合动作的速度力量练习相结合。通过单个动作的练习，我们可以针对特定的肌肉群进行精细化的训练，提高局部的速度力量。而组合动作的练习则有助于培养运动员在复杂运动中的协调性和整体速度力量。此外，大肌肉群和小肌肉群的练习也应该相结合。大肌肉群如腿部、背部和胸部等，是产生力量的主要来源，对于提高整体速度力量具有关键作用。小肌肉群如手腕、脚踝等，虽然力量相对较小，但在精细动作和速度控制方面发挥着重要作用。因此，在训练中应该注重大肌肉群和小肌肉群的平衡发展，以提高运动员的整体速度力量水平。

三、力量耐力训练

跆拳道运动员的力量耐力是其竞技能力的重要组成部分，代表着运动员在规定的比赛时间内，能够反复、高质量地完成各种技术动作的能力。这种能力并非单一因素所能决定，而是由多个相互关联的因素共同构成的。首先，血液循环和呼吸系统的机能能力对力量耐力至关重要。这两个系统共同保证了工作肌的氧气供应和废物排出，是维持肌肉持续、高效工作的基础。其次，无氧代谢的机能能力是影响力量耐力的重要因素。在跆拳道比赛中，运动员需要在短时间内进行高强度的爆发性动作，这时无氧代谢系统就会发挥重要作用。无氧代谢系统能在缺氧的条件下为肌肉提供能量，保证运动员在关键时刻能发挥出最大的力量。此外，工作肌有效利用氧的能力也是提升力量耐力的关键。这意味着肌肉在运动中能更加高效地利用氧气进行能量转换，减少能量的浪费。这种能力的提升需要通过长期的训练和科学的饮食来实现。

选择发展力量耐力的练习时，其练习条件应接近与跆拳道比赛特点相适应的环境氛围，采用的练习在内外结构上应与比赛相似，并力求体现出明显的力量特征。

（一）力量耐力训练的强度与量的安排

1. 负荷强度

跆拳道运动员在比赛中频繁地使用各种腿法、步法技术动作，所需的力量耐力较全面，既有最大力量耐力，又有速度力量耐力。因此，负荷的重量可以在较大的范围内变动，但训练时的负荷强度不宜过大，也不能太小。

2. 练习的次数与组数

每组练习的次数一般要求达到最高次数，直到运动员因疲劳不能正常完成动作练习为止。根据跆拳道运动实践，我们通常采用计时练习来控制练习量，提高出腿力量耐力的每组练习时间可为30～60秒，重复练习4～6组；空击、组合踢靶、踢击沙袋等发展最大力量耐力的练习时间可在0.5～2分钟的范围内波动，重复练习5～8组。

3. 组间间歇时间

练习中组间间歇时间的长短，取决于练习的性质、负重的大小、练习时间的长短和投入工作的肌肉数量。若练习的时间较短，需通过数组练习才能达到极限疲劳，组间间歇应在身体未完全恢复的状况下进行。例如，发展腿击动作的肌肉耐力的力量训练，练习持续时间常为30～60秒，间歇时间短于练习时间5～10秒。

4. 练习的速率

在提高一般性肌肉耐力能力的负重练习时，完成动作的速率要适中，过分追求动作速率会使动作功率降低。在发展专项肌肉耐力能力的练习时，动作的速率应尽可能与比赛时的动作速率一致。

（二）发展力量耐力的常用训练方法

1. 专项练习训练法

此方法主要发展专项力量耐力，是针对在比赛中承担主要工作负荷的肌肉群的力量耐力，使之达到更高水平的专项训练练习。在跆拳道专项力量耐力训练中，通常采用接近比赛条件（所选择的动作组合在动作结构、运用及用力方式上与比赛时相似）的动力性重复练习，如组合攻防技术动作的空击练习、踢脚靶或护具靶练习、运用各种进攻技术动作踢击沙袋的练习、两人的相向空击以及高抬腿、左右提膝、连续双飞踢等练习形式，也可以在进行上述练习时通过较轻的负荷（10%～20%的负重）来提高、发展运动员的专项力量耐力。每种练习方式的练习时间大多数情况下控制在0.5～2分钟之间，如有特殊要求，也可以延长至3～5分钟甚至更长。

2. 循环训练法

运动实践证明，循环训练法是提高肌肉耐力的主要方法。通过变换力量练习的训练学参数，可以把循环训练设计成发展力量、速度、协调能力，以及爆发力、肌肉耐力等综合能力的各种训练计划。有国外运动训练专家根据不同运动项目的需要，提出两种不同方式的循环训练：

第一种方式：大强度间歇循环训练。大强度间歇循环训练是一种高效的训练方法，它结合了高强度的负荷、快速的动作重复以及适当的休息间歇，可以有效提升肌肉耐力。在大强度间歇循环训练中，负荷通常设置在最大力量的 50%～80% 之间，这个范围可以确保运动员在训练中获得足够的刺激，同时避免过度负荷造成的损伤。动作的重复次数通常在 10～30 次之间，这种高频率的重复有助于肌肉适应高强度的训练，提升肌肉耐力。

第二种方式：低强度间歇循环训练。低强度间歇循环训练是一种结合了低负荷、适中或较慢的动作速度以及较短的休息间歇的训练方法。在这种训练中，负荷保持在相对较低的水平，为 30%～50%，动作的速度适中或较慢。尽管负荷和速度相对较低，但动作的重复次数却有所增加，以达到最高的重复次数。训练的设计旨在通过大量的重复练习增强肌肉的耐力。休息间歇在低强度间歇循环训练中扮演着重要的角色。与大强度间歇循环训练相比，这种训练方法的休息间歇时间较短。这样安排有助于肌肉在尚未完全恢复的情况下进行下一轮的训练，从而进一步提高肌肉的耐力。

跆拳道作为非周期多元变异结构的对抗项目，有其自身固有的特点和要求，一般采用大强度间歇循环训练的方法来提高专项动作肌肉的力量耐力（单个动作或固定组合动作的快速重复练习）。根据比赛需要和运动员的实际情况，有时也采用低强度间歇循环训练的方法（单个动作或自由组合动作的重复练习）来发展全身一般性的肌肉耐力。

（三）力量耐力训练的要求

第一，在发展运动员力量耐力的同时，运动员的心血管系统和呼吸循环系统的机能能力应与之同步得到发展并日益完善。

第二，在进行专项力量耐力训练时，动作练习的速率要求与比赛时的动作速率要求相近似。

第三，练习中，组间间歇时间不宜过长，应在机体尚未完全恢复时就进行下一组练习，以达到疲劳积累、发展力量耐力的目的。当运动员达到相当的疲劳程度时，可视情况适当延长组间间歇时间。

第四，跆拳道比赛一场分为 3 局，每局 3 分钟（女子 2 分钟），一天比赛若干场，直至决出冠亚军，对运动员有较高的力量耐力要求。因此，跆拳道的力量耐力训练要注重提高绝对力量耐力。

第五，在进行力量耐力训练时，应注重培养运动员顽强拼搏、克服疲劳的良好意志品质和心理素质，强调保质保量地完成每一次练习，以全面提高机体的力量耐力。

四、跆拳道力量训练方法与手段

（一）一般力量素质的训练方法

1. 下肢力量

（1）跳绳。

单脚连跳、双脚连跳、花式。

组别数量：规定次数或时间，如一组要求连续跳 400～600 次，每次 6～8 组；或连续跳 3～5 分钟为一组，每次 6～8 组。

要求：协调连贯，轻松自然。

（2）负重连续跳或跳障碍物。

双腿负重如缚沙袋，或身穿沙衣，或肩杠铃，或手持重物进行半蹲、深蹲、提踵跳跳台阶等障碍物、平地梯形跳等。

组别数量：规定时间或次数，依据不同训练任务和要求，练习 6～8 组。

要求：保持上体正直，练习时身体完全舒展。

（3）负重杠铃深蹲或半蹲。

肩负杠铃。

组别数量：采用中等重量（70%～90%）、组数为 4～6 组、次数为 4～6 次、以最快速度进行练习。

要求：杠铃负在肩上，腰背挺直，抬头收腹，膝盖方向朝前，平稳屈膝下蹲，向上扛起时要求快速站起；半蹲则要求屈膝下蹲至大腿近水平时，随即伸腿起立。

（4）负重专项技术练习。

腿部缚沙袋进行横踢、后踢、劈腿、侧踢、前踢等技术练习，然后去掉沙袋，用以提高动作速度。

组别数量：10 次为一组，每次 8～10 组，空击每组为 5 次。

要求：动作规范，启动快捷，力量完整，快打快收。

（5）各种方式的蹲跳。

纵跳、立定跳远、跳高、空中交叉跳，以及各个方向的分腿跳、跳山羊、单足跳等。

组别数量：每组 15～20 次，每次 8～10 组。

要求：尽可能地跳起，保持重心稳定，减少地面接触时间。

2. 躯干力量

躯干各肌群主要发展髂腰肌、腹直肌、腹外斜肌等。

（1）负重或不负重的仰卧起坐（两头起）。

组别数量：每组 30 次左右，每次 6～8 组。

要求：动作规范，快起慢落。

（2）固定腿的仰卧起身（一头起）。

腿部可垫高，两手可持重物，可左右转体，可大小腿折叠。

组别数量：每组 20～30 次，每次 6～8 组。

要求：动作规范，快起慢落，负重适度。

（3）俯卧挺身（背肌一头起）。

固定腿部，可徒手练习，也可负重练习。

组别数量：每组 20～30 次，每次 6～8 组。

要求：确保动作质量，身体向后上尽可能伸展。

（4）俯卧撑收腹跳。

可徒手练习，也可负重练习。

组别数量：每组 15～20 次，每次 6～8 组。

要求：卧撑时双腿同时后伸，屈膝收腹至胸前，快速连贯。

（5）仰卧举腿（直腿或屈腿）。

可徒手练习，也可负重练习。直腿：双腿同时起落或左右交叉上下起落。屈腿：成 30° 斜角做左右蹬腿练习。

组别数量：每组 20～30 次，每次 6～8 组。

要求：双脚悬空，尽可能贴近地面进行。

（6）收腹举腿。

悬垂于肋部，直腿上举双腿。可徒手练习，也可负重练习。

组别数量：每组 10～20 次，每次 6～8 组，视情况可增减。

要求：双腿上举过头，大腿贴近胸部，快起慢落。

（二）专项力量素质的训练方法

1. 跆拳道运动中最大力量训练

一是静力性力量训练方法。静力性力量训练，也是等长收缩训练，是一种重要的肌肉力量训练方式。在训练中，肌肉在紧张用力的情况下，其长度几乎不发生变化，这有助于增强肌肉的最大力量和耐力。静力性力量训练通常采用较大重量的负荷，并以递增重量的方式进行练习。静力性力量训练能激活肌肉纤维，并促使肌肉适应更高的负荷，从而增加力量和耐力。静力性力量训练可以针对特定的部位进行，比如胸部、背部、腿部等，以提高这些部位肌肉的力量和耐力。

二是极限强度法，又称“保加利亚法”或“阶梯式训练法”，是由保加利亚著名举重教练阿巴杰耶夫所创造的训练方法。这种方法在 20 世纪 70 年代使保加利亚举重队在世界举重舞台上崭露头角。这种训练方法的核心理念是通过高频率、高强度的训练来提高运动员的力量水平。通常情况下，运动员会每天进行多次的重复动作，每次动作的重量都非常接近或达到最大负荷，以达到极限强度的训练效果。这种方法要求运动员在短时间内反复进行高强度的训练，以刺激肌肉的增长和力量的提升。

跆拳道运动属于开放性、多元变异组合结构的临场对抗项目，双方运动员始终处于一个不断运动的过程，总是在频繁地调动、移动、调整中寻找时机。力量训练特别是最大力量训练是跆拳道训练的基础，使运动员具备充沛的体能，保证在不断移动中能快速地打出有力一击。

2. 跆拳道运动中快速力量训练

（1）上肢力量的训练方法。

俯卧撑：屈臂时胸部几乎触底，伸臂时肘关节完全伸直。

组别数量：每组 15～30 次，每次 8～10 组。

要求：确保动作质量，快速连贯。

杠铃屈臂：以肘关节为轴做两臂的屈臂动作，到两肘完全屈收，杠铃横置锁骨部位，再放松伸臂至大腿前。杠铃重量 3～5 千克。

组别数量：每组 10～15 次，每次 6～8 组，可视情况增减。

要求：确保动作质量，保持躯干正直。

卧推杠铃：两臂伸直与肩部同宽，双手正放松屈肘，杠铃至胸前，但不能接触胸部，然后双臂用力上举至伸直位置。重量为极限重量的 60%～70%。

组别数量：每组 6～10 次，每次 6～8 组，视情况增减。

要求：确保安全，动作连贯。

爬绳或爬杆：绳或杆长度约 5 米，锻炼力量的灵活性和耐力性。

组别数量：上下为一组，每次 6～8 组。

要求：确保安全，身体尽量保持平衡，控制摆动幅度。

负重拳空击：哑铃重 1～2 千克，多种跆拳道的拳法组合的空击练习。

组别数量：每组 20～30 秒，每次 8～10 组。

要求：确保动作质量（以拳法规范为标准），快速、有力、连续。

（2）躯干各肌群的训练方法。

仰卧起坐（两头起）：徒手。

组别数量：每组 10 次，每次 6～8 组。

要求：确保动作质量，快速无停滞。

仰卧起身（一头起）：徒手。

组别数量：每组 10 次，每次 8～10 组。

要求：确保动作质量，快速连贯，一气呵成。

站立负重左右转体，体前屈：肩负杠铃杆。

组别数量：每组 10 次，每次 6～8 组。

要求：身体旋转时保持正直，体前屈时注意腰部不要形成弓形。

立卧撑：徒手。

组别数量：每组 8～10 次，每次 6～8 组。

要求：确保动作质量，大腿快速蹬伸与收腹。

负重仰卧举腿：小腿缚沙袋（1 千克）。

组别数量：每组 8～10 次，每次 6～8 组。

要求：快速连贯，保持角度。

高抬腿：徒手，左右交替。

组别数量：每组 6～10 秒，每次 8～10 组。

要求：快速连贯，身体正直，大腿尽量贴近胸部。

左右提膝：徒手，左右交替。

组别数量：每组 6～10 秒，每次 6～8 组。

要求：快速连贯，身体正直，大腿尽量贴近胸部。

（3）下肢力量的训练方法。

负重杠铃深蹲或半蹲，重量为极限重量的 30%～50%。

组别数量：每组 8～10 次，每次 5～7 组。

要求：确保安全，重心垂直，快速完成。

单脚或双脚十字跳：以十字为中心，前后左右无规律跳动。

组别数量：每组 10～15 次，每次 8～10 组。

要求：身体重心稳定，快速移动。

低桩纵跳：低桩或橡皮绳，高度 30～50 厘米，间隔 50 厘米设一桩，单、双腿重复跳跃。

组别数量：20 米为一组，每次 15～20 组。

要求：身体重心稳定，快速越过，触桩重来。

台阶跑：徒手、负重皆可，依据训练不同，选择 1、2、4、6 级及以上楼梯。

组别数量：一次往返为一组，每次 5～10 组。

要求：快速、迅捷，充分休息后重复。

沙袋、橡皮条的腿法训练：沙袋重量为 1 千克、小腿缚橡皮条，然后迅速去除负重进行腿法的练习（前踢横踢劈腿侧踢等）。

组别数量：每组负重 6 次，徒手 3 次，每次 10～12 组。

要求：确保动作质量，快速完成腿法踢击练习。

（4）站点式间歇训练法。

站点式间歇训练法是将几个练习动作（通常为 6～8 个）编为一组，每个动作练习时间不超过 20 秒，然后间歇 10～20 秒再进行下个动作的练习，如此循环。

要求：首先选择简单、能快速完成的动作，确保每个动作都以最快速度完成；其次是严格控制时间，特别是每个动作间的间隔时间，保证每个循环练习后有充分的休息时间；最后，可以是专项素质的配置，也可以是专项技术动作的配置，如不同腿法的串联。

（5）结合力量的快速反应综合性训练。

这类练习是利用手靶、脚靶、沙袋等辅助器材，结合专项技战术动作进行的速度、技能与反应的训练。

手靶练习：教练员或同伴手持手靶，让运动员进行攻击性拳击练习。练习时可以先从固定靶开始，逐步过渡到结合步法的自由靶。

脚靶练习：脚靶练习是一种综合性的训练方法，旨在提高运动员的击打技巧、反应速度和防守能力，通过模拟实战场景，让运动员面对不同高度和角度的固定靶位，以及同伴的攻击，能更有效地锻炼其应对各种情况的能力。脚靶练习能帮助运动员提高击打技巧、反应速度和防守能力。通过合理的安排和科学的指导，运动员可以在训练中不断突破自我，取得更好的成绩。

变换练习："半次攻击"是跆拳道等格斗运动中常见的战术，通过在攻击过程中突然停止或变化动作，迷惑对手并制造出攻击机会。这种技巧可以通过多种方式实现，包括突然停顿、缓慢前进或使用快速的虚招动作等。通过这些方式，可以让对手失去防守的准备，从而更容易实施有效的攻击。这类练习的本质是节奏变换结合假动作诱导反应训练，旨在提高动态中击打准确和掌握动态中最大击打力量的方法。

多个沙袋训练：将多个沙袋吊在不同的位置，间隔距离在 1 米左右，要求运动员快速躲闪沙袋的袭击，再以最快的速度踢击沙袋。这种训练模拟了实际比赛中需要快速做出反应并进行攻击的情况，因此可以帮助运动员在比赛中更加灵活自如地应对对手的攻击，并迅速做出有效的反击。

自由靶练习：自由靶练习选择脚靶或护具靶均可。根据不同的训练任务安排不同的内容。无氧训练，每组 10 秒，以腿法为主，快速无间歇的踢击，多次重复。有氧训练，每组 2 分钟，结合步法、防守动作的腿法踢击，多次重复。

3. 跆拳道运动中力量耐力训练

（1）有氧耐力训练。

主要采取强度小，负荷时间长的各种练习方法：

① 4000～12 000 米匀速跑：心率控制在 150 次 / 分左右，保持匀速跑完。

②越野跑：利用公园、山川或环境较好的地方进行 30 分钟以上的越野跑，心率控制在 150 次 / 分左右。利用环境调节心情，降低疲劳感。

③ 10 分钟跳绳：利用跳绳进行耐力练习。在 10 分钟内保持跳动频率不变，但可以改变跳动方式，进行单脚跳或双脚跳。

④ 10 分钟组合踢法动作练习：运动员连续 10 分钟进行已掌握的技术组合练习，既能提高动作的熟练程度，又能练习耐力素质。

⑤三对一或四对一的车轮战：运动员与 3 位或 4 位陪练逐一对抗。但限定强度和力度，每人 3 分钟，进行一轮次或两轮次的实战练习。

（2）无氧耐力训练。

无氧耐力训练即采用负荷时间短、练习密度大、间歇时间短的练习方法。常用以下几种方法和手段：

① 30 米、60 米、100 米冲刺跑。

② 400 米、800 米变速跑。

③跳木马提膝——左、右侧滑步扶地。

④两人一组短时脚靶练习（10 秒钟以内）。

⑤左右横踢 50 次（中、高）。

4. 跆拳道运动核心力量训练

跆拳道运动核心力量的训练，主要是指创造一个不稳定的外部环境，训练神经肌肉系统的平衡和控制能力。训练跆拳道运动员核心区域的稳定性是非常重要的。在跆拳道运动中，身体需要频繁地做出各种移动和技术动作，这就要求核心区域具有足够的稳定性来支撑身体并保持平衡。通过稳定性训练，可以加强核心肌群的力量和控制能力，使跆拳道运动员在比赛中能更加稳定地执行各种动作，并提高动作的准确性和效果。跆拳道运动具有自身的特殊性，动作难度较高、幅度大，快速运动中的平衡尤为重要。核心力量训练是一个循序渐进的过程，跆拳道运动员的核心力量训练主要是针对核心区域，对浅层大肌肉群以及深层小肌肉群，进行具有严格顺序、侧重点的训练。核心力量训练的整个过程划分为三个阶段：第一个阶段为核心稳定性训练阶段，第二个阶段为核心力量训练阶段，第三个阶段为核心爆发力训练阶段。跆拳道运动核心力量训练包括徒手练习和器械练习。

（1）徒手练习。

徒手练习是指在核心力量训练的第一阶段中，运动员充分体验并领会核心部位用力和有效控制身体，这是最基础的核心力量训练手段。

（2）器械练习。

核心力量训练器械练习源自健身和康复领域，它们的设计和功能通常是专门针对核心肌群的训练需求而进行优化。与传统的力量训练器械相比，核心力量训练器械通常具有更多的功能性和灵活性，更能满足核心肌群训练的特殊要求。例如，瑞士球是一种常用于核心力量训练的器械。由于其表面不稳定，当人们在球上做平衡动作时，核心肌肉需要不断地调节以保持身体的姿势，这就会使各种核心肌群之间协作用力。

五、跆拳道力量训练中易忽视问题

（一）重下肢轻上肢

在跆拳道运动中，虽然脚法占据主导地位，但上肢力量同样至关重要。一个全面发展的身体能为运动员在实战中提供更大的优势。为了实现肌肉的平衡发展，教练需要设计一套全面的训练计划，同时注重下肢和上肢的力量训练。下肢力量训练对于跆拳道运动员至关重要，因为它们提供了出腿、踢腿和移动所需的关键动力。而强壮的上肢肌肉可以增强运动员的击打力量、控制力和稳定性。通过综合训练，跆拳道运动员可以实现全身肌肉的平衡发展，从而提高其在比赛中的整体表现水平，既有有力的脚法技术，又有强劲的上肢攻击能力，使他们在实战中更加全面、灵活。

（二）重向心轻离心

在跆拳道比赛中，特别是在进攻时，每一次踢腿并不总是能击中对手。当运动员的腿踢空时，他们需要迅速做出反应，以克服运动的惯性并控制自己的重心。这时，肌肉的离心收缩发挥了至关重要的作用。通过肌肉的离心收缩，运动员可以在踢空后迅速减速并控制自己的身体，避免失去平衡或摔倒。这种动作需要肌肉迅速产生力量以抵消踢腿过程中的惯性，从而确保身体保持稳定。肌肉向心收缩和离心收缩在跆拳道比赛中都发挥着至关重要的作用。向心收缩能帮助提高踢腿速度和重心移动的速度，而离心收缩则有助于控制惯性并保持稳定性，两者都保障运动员能在比赛中保持最佳状态。在跆拳道运动中肌肉离心收缩和向心收缩比例相当，训练中要重视离心运动。训练时做到启动和制动速度相结合、踢靶训练和空踢训练相结合、上坡跑和下坡跑相结合，并时刻注意两者的制动练习。

（三）重主攻腿轻支撑腿

个别教练员在指导运动员时，有时过于专注主攻腿的力量练习，而忽视了支撑腿的训练。这样不仅可能导致运动员的身体发展不均衡，还可能影响他们在比赛中的表现。主攻腿在进攻时发挥主要作用，其力量的大小和灵活性直接影响到攻击的效果。然而，支撑腿同样承载着重要的任务。在进攻时，支撑腿不仅要承受来自身体的重量和地面的反作用力，还需要保持稳定，以确保主攻腿能准确地执行动作。支撑腿的股四头肌和小腿三头肌等肌肉在维持膝关节稳定、提高身体重心等方面发挥着关键作用。因此，在训练中，教练员应该注重主攻腿和支撑腿的平衡发展。除了进行主攻腿的力量和灵活性训练外，还应该加强对支撑腿的训练。例如，可以通过单腿站立、平衡练习、支撑腿的力量训练等方式，提高支撑腿的稳定性和力量。此外，教练员还应该根据运动员的个体差异和比赛需求，制订个性化的训练计划。对于主攻腿和支撑腿的力量比例、训练方法等进行科学安排，以确保运动员的身体得到全面发展，从而提高整体竞技水平。

第二节　耐力训练

跆拳道运动员的耐力是指人体在长时间负荷下，抵抗机体疲劳以及迅速消除疲劳的能力。跆拳道比赛采用三局累积计分制，除了“KO”、弃权等特殊情况外，谁的得分累积得多，谁就能获胜。运动员格斗对抗，体能的消耗很大，而且随着对手的运动水平变化，对手运动水平越高，体能的消耗就越大。能否在激烈对抗终结之前保持充沛的体力，取决于运动员有没有很强的耐力素质，这对比赛的胜负有较大的影响。

一、耐力训练的原理

运动员的耐力素质分为有氧耐力、无氧耐力和混合耐力三种表现形式。不同的运动项目对不同耐力表现形式的依赖性不同：有的运动项目以有氧耐力为主，例如长跑；有的运动项目以无氧耐力为主，例如短跑；有的运动项目以混合耐力为主，例如人体格斗的对抗性运动项目、球类对抗项目等非周期性的对抗运动项目。跆拳道不仅是非周期性的运动项目，还是完成动作的连续性没有规律的运动。在全场比赛中，运动员既需要有氧耐力，也需要无氧耐力。通常，运动员在格斗对抗时依靠无氧耐力，在互相寻找机会时依靠有氧耐力。

无氧耐力是一种机体在无氧供能状态下持续工作的核心能力，对于跆拳道运动员来说至关重要。这种能力主要是肌肉在保持一定机能活动水平时，持续工作的一种状态，是运动员在高强度、短时间内完成技法动作的关键。无氧耐力训练的重要性体现在多个方面。首先，它能有效提高非乳酸能和乳酸代谢系统的供能能力。非乳酸能系统主要在运动的开始阶段提供能量，而乳酸代谢系统则能在运动持续时维持能量供应。通过无氧耐力训练，运动员可以优化这两个系统的能量转换效率，确保在比赛中能迅速、有力地执行技法动作。其次，无氧耐力训练还能增强机体对酸性物质的耐受能力。在高强度运动中，肌肉会产生大量乳酸等酸性物质，这些物质不仅会使肌肉疲劳，还可能影响技术的执行。通过训练，运动员的机体可以逐渐适应这种酸性环境，减少其对运动表现的不良影响，从而保持技术的稳定性和体能的持久性。

有氧耐力是机体在有氧供能状态下持续工作的能力，这种能力对于运动员的训练和比赛表现具有深远影响。高水平的有氧耐力意味着运动员能在长时间、中低强度的运动中保持稳定的工作状态，这对于跆拳道运动员来说尤为重要。有氧耐力训练可以促进身体的代谢和缩短恢复过程，加速疲劳物质的排出和清除，帮助运动员更快地恢复体力和精神状态。疲劳消除得越快，运动员再运动或继续比赛的能力越强，这对跆拳道运动员的训练与竞赛有十分重要的意义。

混合耐力是指无氧耐力和有氧耐力交替进行的综合体。混合耐力是跆拳道运动员训练中一个不可或缺的部分，它与其他两种耐力形式——无氧耐力和有氧耐力既有区别又相互关联。无氧耐力和有氧耐力强调在特定强度下持续工作的能力，而混合耐力侧重于在断续、反复、高强度的运动中保持工作强度不变的能力。在跆拳道比赛中，运动员经常需要进行短时、高强度的运动，如快速踢腿和闪避等动作。这种运动强度的维持主要取决于肌肉的机能水平。在高强度的腿法工作后，肌肉必须尽快恢复并达到最高水平，以确保运动员能持续进行高强度的运动。而肌肉的恢复能力在很大程度上取决于心脏的最高机能活动水平。心脏对高强度运动的适应能力越强，就越能在重复的高强度运动中保持其最高机能活动水平，从而为肌肉提供足够的氧气和营养物质，促进肌肉的恢复。因此，在跆拳道运动员训练中，不仅要注重提高他们的无氧耐力和有氧耐力，还要特别关注混合耐力的培养。制订科学的训练计划，合理安排训练强度和时间，结合适当的营养补充和恢复手段，可以有效提高运动员的混合耐力水平，使跆拳道运动员在比赛中能更好地应对高强度、断续、反复的运动需求，保持出色的竞技状态。

在训练竞赛过程中，无氧耐力差的运动员，在几个回合的高强度运动冲击之后，会上气不接下气导致体能迅速下降。有氧耐力好的运动员与无氧耐力差的运动员正好相反，在运动过程中，虽然能长时间保持体能不下降，但是腿法的速度、力量达不到所需要的运动强度。针对这种情况，跆拳道运动员既要注重无氧耐力的训练，也要注重有氧耐力的训练，使无氧耐力和有氧耐力互相补充，从而保证运动的持久性。

二、耐力训练的要素

（一）训练强度

发展有氧耐力的训练强度，一般不超过最大速度能力的70%，运动心率可以控制在每分钟140～165次，运动心率低于每分钟130次的负荷刺激时，不能有效地发展有氧耐力。发展有氧耐力的强度，通常以运动员最大能力的90%～95%的强度为主，也可采用次最大强度的各种负荷强度。

（二）持续时间

有氧耐力的持续时间变化范围较大，教练员需要根据不同训练阶段、训练水平和专项的需要来安排，原则上不少于 20 分钟。高强度、高密度和短间歇的有氧耐力训练，每组练习的时间为 1～3 分钟。大强度的有氧耐力训练以持续 3 分钟 1 组为宜。

（三）间歇时间

无氧耐力训练的休息间歇时间不宜过长，过长会引起后续训练机能能力的降低。可用心率指标控制间歇时间，当心率下降到每分钟 120 次左右时，开始下一次练习。大强度的有氧练习，在每组练习之间应安排 1～3 分钟的间歇时间，以保证堆积的乳酸得以氧化，使运动员得到基本的恢复，才可以开始下一次的练习。

三、耐力训练的方法

（一）提高有氧耐力的方法

长时持续训练法：跆拳道训练一般安排 20～30 分钟，负荷强度的运动心率指标为每分钟 150 次左右。用于提高心脏保持机能活动水平不变的持续活动能力，发展运动员有氧代谢系统的供能能力，是发展一般耐力的最有效的运动形式。

短时持续训练法：持续时间为 5～10 分钟，负荷强度的运动心率指标为每分钟 160 次左右，完成 2～3 组，组间间歇时间与训练时间基本相同。发展有氧强度状态下的供能能力，一般采用不同训练内容的循环组合方式。

有氧间歇训练法：主要用于发展运动员有氧代谢系统的工作能力。练习的负荷时间为 6～10 分钟，运动员负荷强度的心率指标为每分钟 170 次左右，练习的组数不宜安排很多，一般 2～3 组为宜。

（二）提高无氧耐力的方法

强化性间歇训练法：采用单个或组合动作进行空击、打靶或打沙包的练习形式，采用最大的负荷强度，负荷时间通常在 3 分钟之内，负荷强度使心率指标控制在最高水平，间歇时间待心率下降到每分钟 130 次左右，即可进行下一组的练习。

持续性间歇训练法：采用空击或打靶的练习形式，负荷时间通常在 3～5 分钟，要求完成每个动作的强度不变，发起动作的频率、密度可以进行变化，有时频率、密度高，有时频率、密度低，高低穿插进行，负荷强度的心率指标最高可达每分钟 180 次。这种方法主要用于提高非乳酸能和乳酸能系统混合供能能力和速度耐力。

（三）提高混合耐力的训练方法

12 分钟跑：12 分钟跑是提高人体心脏最高机能水平的有效练习方法，要求运动员在 12 分钟内跑 2800～3000 米距离，随着训练水平的提高逐步增加距离。

模拟强度练习：采用模拟跆拳道比赛的时间特征，运动强度变化特征和运动形式的特征，空击、打靶或打沙包的练习形式，每组持续练习 3 分钟，间歇 1 分钟，重复练习 3～5 组。

专项对抗练习：运动员一人对一人、一人轮流对多人，高强度、高密度、多重复、短间歇地对抗。一人对多人时，不同的人可以采用不同的技法进行攻击。越是激烈的对抗比赛，越能发展运动员所需要的混氧耐力。

跆拳道运动员的耐力训练是一项十分复杂而且科学性很强的训练任务。跆拳道运动员在比赛中，既要有很强的无氧耐力，又要有很强的有氧耐力。运动员有氧和无氧两种代谢形式不断交替进行，所反映出来的混合耐力要求也会很高。跆拳道运动员的耐力训练不但需要采用各种无氧耐力和有氧耐力的训练手段，还需要对不同耐力表现形式的训练有严格的针对性和规定性。

第三节　柔韧性训练

跆拳道运动员的柔韧性指身体各关节的活动幅度和肌肉韧带的伸展能力。跆拳道教练员和运动员一般都比较重视力量和速度素质的训练，容易忽视柔韧素质的训练，因为力量和速度素质对于技法产生效果的作用是显形的、直接的，而柔韧素质对于技法产生效果的作用是隐形的、间接的。实质上，运动员的技法，特别是腿法完成动作的质量，与运动员的柔韧性有密切的联系。如果运动员肩、腰、髋等关节的柔韧性不能超过技法最大活动范围的要求，由于肌肉、韧带的僵硬，动作受到肌肉、韧带的限制牵拉，不仅会使动作幅度减小，影响到动作的协调性和灵活性，而且会影响到动作力量和速度的发挥，容易使运动员的身体受到损伤。显然，柔韧素质对于运动员技能的发挥有十分重要的作用。

个别跆拳道教练员和运动员对柔韧素质影响技能发挥的作用没有表现出足够重视。在训练的过程中，一般都把训练准备活动的肢体伸展运动当作柔韧素质的训练，这样的处理方法不能达到跆拳道运动对运动员柔韧素质的要求。柔韧素质的训练一定要与准备活动的伸展运动进行严格的区分，柔韧素质训练的目的是要逐步加大关节肌肉、韧带活动的伸展范围，而准备活动的目的是在训练前使关节的活动能力达到应有的水平。柔韧素质的训练与准备活动的伸展运动有本质的区别。

一、柔韧训练的要素

（一）拉伸强度

柔韧素质训练的拉伸强度是指施加于运动员肌肉、韧带伸展活动用力程度的大小。用力程度包括外力的作用和自己的用力，两者都以运动员的自我感觉来控制练习强度。当肌肉感到胀痛时，可加大拉伸力度或保持拉伸的力度。当肌肉感到有像针尖扎的刺痛感时，可停止加大拉伸力度或保持这种强度。

（二）拉伸速度

柔韧训练的拉伸练习，可用缓慢逐步加力的速度，也可用急促的速度，还可用快慢相间的速度。快速拉伸从起点到肌肉能承受的止点后，再回到拉伸的起点，反复地快速进行。慢速的拉伸可以放松对抗肌，不容易引起牵张反射，训练效果好；急速的拉伸符合跆拳道运动技法的性质和特点，二者可以有机结合进行训练。

（三）练习量

对肌肉、韧带拉伸的重复次数、组数和持续时间，取决于关节的性质和特点。针对运动员的年龄和性别与技法动作常用的主要关节可多训练。在一堂训练课中，每组练习一般反复 10～12 次，外力加压的静力性拉伸可持续 2～3 分钟。

（四）间歇时间

柔韧训练的间歇时间是指柔韧训练的时间安排。由于肌肉、韧带有很强的伸缩性，每次持续反复的牵拉可以使肌肉、韧带伸展，停止后，经过一段时间又可回到原来的状态。因此，柔韧素质的训练必须保持经常性和持久性。经常性是指每次或每天的训练课，都要安排柔韧训练的时间和内容；持久性是指运动员只要参加训练，就要时刻进行柔韧素质的练习。

二、柔韧训练的方法

（一）动力拉伸法

动力拉伸法是指先用力将相关肌肉和韧带下压至极限或次极限程度，然后放松回到原来的位置，如此有节奏地反复运动。动力拉伸法的好处在于肌肉和韧带拉伸与放松有一定的节奏性，不易使被拉伸的肌肉和韧带感到疲劳。

（二）静力拉伸法

静力拉伸法是指用力将肌肉和韧带下压至极限或次极限程度以后，保持稳定的静止状态。保持静止状态的时间与下压的程度、运动员的柔韧素质有关。下压的时间与程度以运动员被压的感觉为标准，肌肉和韧带只要没有刺痛感就可以继续加力或继续保持训练。

动力拉伸法和静力拉伸法，分为主动训练和被动训练两种形式。主动和被动训练在拉伸练习中扮演着不同的角色。主动训练强调的是运动员自身的力量和灵活性，而被动训练则需要外力的协助来增加拉伸的深度和幅度。这两种方式都有各自的优势和适用场景。主动训练可以帮助运动员更好地感知和控制自己的肌肉，促进肌肉的放松和伸展。动力拉伸可以通过运动员自身的动作来实现，如动态伸展、活动性放松等，这有助于提高身体的灵活性和运动效率。被动训练则可以在一定程度上增加拉伸的深度，帮助运动员达到更深层次的伸展。通过教练员或同伴的帮助，可以在拉伸时施加适度的外力，帮助运动员克服肌肉紧张和阻力，从而更好地完成拉伸动作。外力的大小一定要适度，否则运动员被牵拉的肌肉、韧带部位容易受伤。

第四节　速度训练

跆拳道运动员的速度是指在短时间内完成技法动作的能力。“快打慢”“先发先至”“后发先至”，都是对运动员使用技法击中对方在动作速度方面的要求。运动员的速度能力，对取得比赛胜利起至关重要的作用。跆拳道运动员的智能、技能和体能训练，从某种意义上来讲是以速度训练为核心，智能指挥的敏捷灵活，技能操作的快速运转，动作条件反射的反应速度都离不开机体的速度素质。跆拳道运动员的速度能力，决定着技术运用的成效。

一、速度的表现形式

跆拳道比赛中，运动员使用技法的内容十分丰富，动作变化多，攻防转换快，攻中有防，防中藏攻，对抗十分激烈。因此，运动员在体能和速度方面的表现具有多变性和复杂性，可以分为反应速度、动作速度、位移速度和动作频率四种表现形式。

（一）反应速度

跆拳道运动员的反应速度是指针对对方运动员的意图和动作，在最短时间内进行应答的能力。反应速度可分为简单反应速度和复杂反应速度。简单反应速度是指对单一刺激做出的反应，通常只涉及一个动作或一个信号。简单反应速度主要依赖大脑皮层的神经传导速度和运动神经元的活动，以及肌肉的收缩反应速度。简单反应速度是机体本能所具有的，例如，“对方发起攻击动作时进行躲闪，对方前横踢，我也前横踢，对方后横踢，我也后横踢”等。简单反应的特点是受对方动作刺激的支配，对方是主动的，自己是被动的，使用技法很难达到最佳的得分效果。跆拳道训练需要运动员在克服简单反应的基础上建立复杂反应。

复杂反应速度是依靠人体“第二信号系统”，按照跆拳道技法相生相克的原理，进行专门的训练培养出来的。例如，对方的姿态露出破绽，我方主动抢攻，对方发起前横踢动作，我方用转身后踢反击。复杂反应的特点是对方的诱导信号在自己的预料之中，自己是主动的，对方是被动的，这种使用技法的得分效果最佳。跆拳道运动员需要的是复杂反应速度，其训练的本质规律就是发展运动员相生相克操作技法的动作条件反射能力。跆拳道运动员的反应速度是重要的身体素质，是使用技法击中对方的必备条件。

反应速度在跆拳道运动中，不但是运动员使用技法所需要的十分重要的素质，而且其具体内容涉及的范围也比较宽泛，主要表现在技法的运用与操作方面。包括对发起动作前有效间隔距离准确判断的动作反应速度，对选择时机、选择技法、选择部位的动作反应速度，对内动打抢攻、小动打迎击、大动打反击的动作反应速度，对相生相克使用技法动作条件反射能力所表现出来的反应速度等。反应速度是支撑跆拳道运动员技能水平的重要条件。

（二）动作速度

跆拳道运动员的动作速度是指完成单个技法从起点、运行到止点时间的长短。完成动作的时间越短，速度越快，反之亦然。跆拳道运动员动作速度的要求较高，影响运动员动作速度主要有三个方面的因素：一是动作技术的合理性，起点动作保持最佳的机动性，有利于动作的快速启动，运行过程的动作结构和动作细节合理、协调，机体的各个部分有利于形成动作快速的合力。二是神经系统的支配，不但兴奋点集中而且强度高，无氧供能的能力强。三是参与肌肉做功的数量多和质量高。

（三）位移速度

跆拳道运动员的位移速度是指身体移动通过一定距离所需时间长短的能力。完成动作的时间越短，速度越快，反之亦然。跆拳道运动员身体移动的距离不是很长，每一个动作移动的范围都在 30 厘米左右。身体移动的方法表现在两个方面：一是步法的移动。在攻击对方运动员的距离范围之外时，用各种不同的步法配合相应的技法动作，快速抵达有效攻击距离的同时发起技法动作。二是能快速地接近对方。为占据有利的攻击位置保证“进得去”，为摆脱对方运动员的纠缠，重新调整自己的身体状态能迅速“出得来”。

上体移动是指运动员髋关节以下的身体部位相对固定，髋关节以上的身体部位进行移动，主要用于制造机会和躲闪攻击。在制造机会时，用上体的左右虚晃、前后虚晃、上下虚晃动作迷惑对方，转移对方的注意力，为自己主动进攻创造有利的时机。在躲闪攻击时，当对方运动员发起攻击动作时，上体前俯、后仰、向左右转移进行躲闪，躲闪的距离正好在对方攻击动作的止点之外。当对方的动作回收时，上体迅速跟进的同时发起反击动作。运动员上体的躲闪和跟进，不但动作要快速而且位置要准确，为自己发起攻击动作提供最佳的条件。

（四）动作频率

动作频率是指单位时间内完成攻击性技法动作数量的能力。动作频率主要表现在两个方面：一是连击法的动作频率，运动员在使用组合动作时，单个动作的速度和连接动作的速度快、强度高。例如，在做连续横踢动作时，不但动作连接得紧凑而且能根据对方的姿态，准确地击中对方运动员的得分部位；二是在一局或全场比赛中发起动作的数量，在保证动作合理性和有效性的前提下，发起动作的数量越多、动作密度越大，抓住的机会越多，得分的概率越高。要想保持高强度的动作频率，对运动员的无氧代谢和有氧代谢能力均有很高的要求，如果没有很好的体能支撑就无法保持高强度攻击动作的频率。

二、速度训练的要素

（一）练习强度

速度练习强度的选择和安排是运动员提高速度能力的关键环节。要使运动员机体产生最大功率的适应性变化，必须确保练习强度的合理性。这种合理性意味着练习强度应位于一个适当的范围内，既不过高也不过低，以最大程度促进速度能力的提升。在速度练习中，运动员应以最大速度能力的 90%～100% 的强度完成短时间的运动。这个强度范围有助于运动员充分发挥速度潜力，同时避免因强度过低而造成的训练效果不佳。在这种高强度下进行训练，运动员的神经系统、肌肉系统和能量代谢系统都会得到相应的刺激和适应，从而提高其速度能力。需要注意的是，练习强度的选择和安排应根据运动员的个体特点和训练目标进行个性化调整。不同运动员的最大速度能力存在差异，在实际训练中，教练员应根据运动员的实际情况制订合适的训练计划。运动员训练时，必须以最快的速度、最大的力量完成每一个动作。

运动员进行大强度直至极限强度的动作速度性练习时，应该选择自身已经熟练掌握的动作，这样可以使运动员的注意力集中在完成动作的速度上。否则，运动员的注意力会集中到完成技术的过程上，这样不但分散了运动员的注意力，而且降低了神经系统的兴奋性，会对速度性练习产生干扰。

（二）练习的持续时间和训练量

击靶的反应速度练习和配对的模拟反应速度练习，对持续时间的长短没有严格的规定，只要运动员处于适宜的兴奋状态就可以继续练习。对于动作速度和动作频率的训练，连续发起动作的持续时间必须严格控制在 30 秒之内，这个时间是理论上保持最大速度的最佳练习持续时间。在训练实践中，进行 30 秒左右的动作速度组合练习是一种有效的方法，因为在这个时间范围内，运动员通常能保持极限或次极限强度的状态。这种训练能有效地提高速度能力，并且有助于增强耐力和持久力。在进行这样的训练时，确保运动员能持续保持最大速度能力是非常重要的。训练量的控制应该以此为准则，一旦出现疲劳导致无法继续保持最大速度，就应该停止练习或者转向其他内容的训练，以避免过度疲劳甚至受伤的情况出现。

（三）间歇时间

间歇时间根据练习的持续时间和强度而定。一般来讲，连续发起动作的持续时间，也是组间休息的间隔时间。例如，10 秒的踢腿连续击靶，组间休息的间隔时间也是 10 秒，这种练习每个动作最多不能超过 8 组。其他组合练习形式的间歇时间以运动员得到最佳的恢复为宜，根据练习的强度和目的休息时间以 30～60 秒为宜，一般不要超过 1 分钟，休息时间过长会使中枢神经系统兴奋性降低。

三、速度训练的方法

（一）反应速度的训练方法

1. 重复反应法

重复反应法是教练员事先安排好持靶运动员的“示靶”方法，训练运动员专门采用某一技法进行“击靶”，如此反复地进行练习。达到规定的练习次数或练习时间以后，两个运动员互相交换。跆拳道的腿法可以用此方法轮换反复练习。

2. 视动反应法

运动员通过视觉观察到的复杂信号进行应答动作的训练。陪练运动员无规律地发视动反应法“示靶”的信号，包括不同的距离、不同的靶位、不同的节奏等方面的变化。由于训练运动员事先并不知道陪练运动员会发出什么样的“示靶”信号，因此必须高度集中注意力，根据“示靶”的不同信号，选择相应的技法和措施（包括步法的移动和动作姿势状态的调节）进行“击靶”。

无论是采用反应速度练习的重复反应法还是视动反应法，陪练运动员一旦“示靶”，训练运动员就要以最快的反应速度和动作速度进行“击靶”。陪练运动员的“示靶”到位，训练运动员的“击靶”动作也必须到位，“靶”与技法的击打动作同时在空中的位置交汇，这是反应速度和动作速度训练必须达到的基本要求。如果陪练运动员的“示靶”动作到位，等着训练运动员来“击靶”，这样训练的性质就会发生本质的变化，变成了发展动作力量或动作速度的“击靶”练习，起不到训练反应速度的作用。

（二）动作速度的训练方法

1. 重复训练法

重复训练法是提高跆拳道运动员的位移速度、动作速度和动作频率经常采用的方法。重复训练法通常固定训练内容、训练时间、训练难度，反复地进行相同的练习。重复训练法不仅适用于提高运动员的速度能力，也适用于学习、改善、巩固运动员的基本技术，技法动作的基本技术经过长期、多次的重复练习，才能形成正确的动力定型。

速度性练习效果的好坏，在很大程度上取决于运动员完成动作的强度和最大限度动员身体机能的能力。因此，采用重复训练法发展运动员的速度，在进行练习时，应充分调动运动员训练的积极性，将注意力、兴奋点、主观能动性高度集中到以最快的速度完成技法动作上来，并力求超过自身的最大速度能力。

2. 变速训练法

运动员过多地采用极限强度练习，特别是极限强度持续重复相同技法动作的练习，会导致“速度障碍”的出现。如果还是采用相同的训练方法和相同的难度，不但不会提高速度能力，反而会使速度能力下降。在训练中，有节奏地变换速度训练的强度，会给运动员一种新的速度感觉，引起运动员心理和生理上的变化，中枢神经系统和肌肉协调将重新适应新的要求。变速训练法可以增加训练的趣味性和挑战性，激发运动员的学习动力，并促进技能的提高。通过有计划地引入不同的速度变化，可以让训练更具有针对性和有效性，帮助运动员克服速度方面的障碍，提高竞技表现。

3. 刺激训练法

刺激训练法是在速度训练时，教练员采用各种手段激发运动员的机体能力，提高速度训练的效果。

常用的训练法如预先爆发性用力刺激。在专项速度训练之前，先完成1～2组上肢或下肢爆发性用力的练习，通过充分调动机体进入良好的工作状态，来提高速度性练习的工作效率。

4. 递减阻力练习

在专项速度训练之前，运动员进行由重到轻的负重训练。阻力的降低，对于提高动作的速度有良好的训练效果。例如，首先，上肢采用拳击棒、哑铃、负重拳套，下肢采用沙袋绑腿进行技法空击，然后进行没有负重的空击。

5. 声响节奏引导训练

教练员通过掌声、哨声发出动作速率的指令，运动员完成技法动作，尽量跟上声响的快速节奏，用声响来刺激运动员加快动作速度进行训练。

第五节　灵敏度训练

一、影响因素

（一）生理因素

1. 神经过程的灵敏性的提高

灵敏素质是机体各种运动技能及身体素质在运动中的综合表现，它的高低在很大程度上受大脑皮层综合分析能力的影响。经过反复练习，技术动作熟练化、自动化，使大脑神经过程兴奋和抑制的转化能力加强，这样就能有效提高大脑神经过程的灵活性，从而使运动员在任何环境中都能把技术动作熟练地表现出来。

2. 条件反射形成后的强化

当运动员掌握一个动作后，需要反复练习，不断强化，以形成“动力定型”。这个过程实际上是在加强大脑皮层的兴奋和抑制过程的灵活性，使相关的神经联系更加稳固。通过不断的强化练习，技术动作会变得更加熟练和自动化，使运动员在各种环境下都能更加自如地运用动作。如果不进行持续的强化练习，暂时的神经联系就有可能中断，已经形成的条件反射也会逐渐消退。这会使运动员的灵活性降低，技术动作的表现也会受到影响。因此，为了保持和提高灵敏素质，运动员需要长期坚持练习，使相关的神经联系不断地强化和巩固。

（二）年龄、性别

1. 年龄

从幼儿开始学习走路到青少年时期，人体的平衡器官和灵敏素质都经历着显著的发展过程。这个过程与年龄的增长密切相关，同时也受到体育锻炼等外部因素的影响。在幼儿和学龄前儿童阶段，平衡器官得到充分发展。在这个阶段，孩子们开始学习和掌握基本的运动技能，如走路、跑步、跳跃等。这些活动有助于促进他们的平衡感和空间感知能力的发展。进入小学阶段，即 7～12 岁，灵敏素质开始稳定提高。在这一阶段，孩子们的身体协调性、反应速度和动作频率都得到显著的提升。此时，进行体育锻炼对于促进运动能力的发展尤为重要。例如，参加一些球类运动、体操或舞蹈等活动，可以帮助孩子们提高动作频率、反应速度以及单个动作的速度。然而，到了青春期，即13～15岁，情况又有所不同。这个时期，孩子们的身高增长较快，体重也有所增加，可能会使他们的灵敏素质相对下降。但这并不意味着不能进行体育锻炼，相反，适当的锻炼可以帮助他们保持和提高灵敏素质，同时也有助于促进身体的健康发育。随着年龄的增长，灵敏素质又会逐渐稳定提高，直至成人后。在这个过程中，体育锻炼仍然是一个重要的因素。通过长期的训练，人们可以保持和提高自己的灵敏素质，使自己在各种运动和活动中都能表现出色。

2. 性别

在儿童期，男孩和女孩的灵活性相差无几，这是由于他们在这个阶段都处于生长发育的初期，身体机能和神经系统的发育水平相近。然而，进入青春期后，男孩和女孩在生理上开始出现明显的差异。在青春期，男孩的灵敏素质相对于女孩会稍高一些。这主要是因为男孩在青春期时，肌肉力量、爆发力和协调性等方面的发育速度通常比女孩快。这些身体机能的提升有助于男孩在运动中表现出更高的灵敏性。而对于女孩来说，进入青春期后，由于体重的增加、有氧能力的下降以及内分泌系统的变化，她们的灵敏素质可能会出现明显的生理性下降趋势。这种变化是正常的生理现象，需要通过适当的锻炼来减缓或改善这种趋势。根据变化规律，应该在青春期以前加强女子的灵敏素质练习，使灵敏素质得到充分发展。通过早期的锻炼和训练，可以帮助女孩打下良好的身体基础，提高她们的神经系统反应速度和身体协调性，从而在一定程度上解决青春期时可能出现的灵敏素质下降的问题。

（三）疲劳程度

疲劳将导致中枢神经系统灵活性与机体活动能力降低。由于大脑皮层的能源供应不足，从而产生保持性抑制，使肌肉力量不能发挥、反应迟钝、速度下降、动作不协调等，灵敏性显著降低。

（四）情绪

情绪对灵敏性有着显著的影响。当人的情绪处于高涨状态时，往往特别灵敏，反应迅速，动作协调。而情绪低落时，灵敏性则会相应降低，反应迟钝，动作也可能变得不协调。在比赛等特定情境下，由于紧张、压力等生理和心理因素的影响，情绪容易出现波动。过度兴奋的状态可能使中枢神经的兴奋扩散不能集中，身体失去控制，影响灵敏性的发挥。而过度抑制、精神不振的状态则可能导致动作无力和不协调，同样会降低灵敏性。

（五）运动经验

实践证明，掌握基本技术越多且越熟练，表现出的灵敏素质也越高。因此，应该丰富运动员的运动实践经验，加强身体素质，增加技术动作“储备”以促进运动员灵敏素质的提高。

二、提高跆拳道运动员灵敏素质的主要手段

第一，根据教练发出的信号或手势做急跑、急停、各种步法练习及结合标志筒、栏架、踏板等道具进行的相关灵敏素质练习。

第二，各种变化方向的追逐性游戏，如贴膏药、转圈抢球、十字变向跑等。

第三，通过具有针对性的腰、骨盆、髋部的核心力量训练，以提高运动员的运动平衡能力、调节动作的控制能力，不仅能有效提高跆拳道运动员的灵敏素质，还可有效预防运动损伤。

第四，软体训练可在最短时间内提高运动员神经肌肉的兴奋性，降低肌肉粘滞性，提高肌肉温度和弹性，对提高运动员的灵敏性、协调性、速度能力是一种较好的训练方法。

三、跆拳道灵敏素质训练的具体练习

（一）一般灵敏素质练习

（1）15 米往返跑 1 分钟 / 间歇 1 分钟 ×（8～10）组，发展蹬腿发力的动作速度、步法移动变换能力。

（2）翻滚 30 秒 / 间歇 30 秒 ×（4～6）组，发展背肌、腰腹部肌肉的协调能力和遭重击后身体抗击打平衡能力。

（3）跳背钻裆 1 分钟 / 间歇 1 分钟 ×（4～6）组，发展上肢关节、腰腹部肌肉、膝关节抵抗目标的反作用力。

（二）专项灵敏素质练习

1. 盯人与摆脱练习

两人面对面站立相距 1～2 米，摆脱者向前跑，盯人者后退跑，前者在跑动中要通过做各种假动作来想办法越过对手，后者则要尽力盯住对手，练习要尽全力。

2. 蛇形绕杆跑

杆数在 15～20 根，杆距 1 米，要求在规定时间内跑到终点。此方法结合专项训练可以将杆子换成拿脚靶的队员，5 个运动员左右交叉拿 5 种不同跆拳道腿法的脚靶分两列站开，前后左右相隔 1 米，其他运动员在最短时间内有效完成这 5 种腿法并迅速回到起点。

3. 灵敏循环练习

跆拳道的比赛区一般为 8 米 ×8 米的正方形蓝色垫子，在比赛区域外铺有至少一块红色或黄色垫子（保护区）。教练员选择四名运动员，每人拿两个脚靶依次站在最外侧红色或黄色垫子的四个角落处，随机选择一个角落作为起点，要求运动员顺时针或逆时针以最快速度完成一系列动作。起点的脚靶腿法、第二个脚靶腿法之前在垫子上先完成教练员的规定动作（如前滚翻、匍匐前进、蛙跳、鸭子步等），以此类推直至回到起点。当运动员可顺利完成此项训练时可加大难度，要求规定时间内完成或把四个角的固定脚靶改为随机变换脚靶以增强运动员的反应速度及灵敏素质。

4. 悬吊训练法

通过悬吊训练法增强跆拳道运动员核心区域的稳定性及灵敏性，如运动员俯卧双腿悬挂并维持，待稳定后慢慢屈膝，练习 3～4 组，每组 5 次。

5. 软梯训练法

软梯训练法是一种能有效地提高运动员灵敏性的训练方法，可按以下原则进行训练：

强度为中等或中等偏上为宜。持续时间为10～20分钟，1～2次，2～3组，每组之间保证运动员完全恢复或基本恢复。要求心率达到150～180次/分，动作完成既轻松又协调。

软梯训练常用方法：

直线方向训练法：直线方向训练方法有小步跑、高抬腿、快速垫步前（后）跑、垫步抬腿、两腿伸直跳、内跨步向前交叉腿、内跨步向后跳、两腿前交叉向前（向后）跳、左右碎步往前（向后）跑等。

水平方向训练法：水平方向训练法有交叉分腿平移、平行侧移高抬腿、平行前后侧移步、快速小步平移跑、两腿内外跳平移、框里框外并步侧移、侧向单脚换两脚跳、快速踏框分腿平移、侧向前后跳、臀部扭转侧移跳、侧向跨步左（右）腿跑、卡里奥克舞等30多种方法。

四、跆拳道运动员灵敏素质训练的注意事项

第一，注重质量而不是数量。质量是跆拳道灵敏性训练的核心要素。只有在保证训练质量的前提下，运动员才能在比赛中发挥出最佳水平，取得优异的成绩。

第二，负荷量、强度和间歇时间。跆拳道灵敏性训练的强度和速度需要控制得当。由于这种训练通常具有较高的强度，因此次数不宜过多，时间也不宜过长，避免运动员过度疲劳或受伤。在安排训练计划时，应充分考虑到个人的特点和所处的训练阶段。不同运动员的体能、技能和经验水平都有所不同，需要针对个人情况来制定合适的训练强度。对于初学者或体能较差的运动员，应适当降低训练强度，逐步提高其灵敏性；对于高水平运动员，可以适当增加训练强度，以提高其竞技水平。此外，练习的间歇时间也非常关键。充分的间歇可以使机体得到恢复，避免过度疲劳，同时也有助于保持神经的兴奋性。然而，间歇时间过长也可能导致神经兴奋性下降，影响训练效果。合理安排练习与休息的时间十分重要。一般来说，练习与休息的时间比可以安排为1∶3，但具体还需根据运动员的实际情况和训练目标进行调整。

第三，在进行跆拳道灵敏性训练之前必须进行充分的热身。灵敏性训练能有效提高运动员的身体温度，降低肌肉受伤的风险，并为接下来的高强度训练做好准备。关于每周的训练次数安排，应根据不同的训练阶段和具体需求来制定。在

准备期或赛季前，运动员的身体状况和体能储备相对较好，可以安排 2～3 次 / 周的灵敏训练，以全面提升运动员的灵敏素质。而在赛前或赛中，由于运动员需要更多的时间来恢复和调整状态，以及避免过度训练带来的疲劳和受伤风险，可以适度减少到 1 次 / 周。

第六节　抗击打能力训练

跆拳道不仅是身体与身体的直接对抗，更是一场对运动员综合素质的全面考验。抗击打能力在跆拳道这项对抗性极强的竞技格斗体育运动中占据着非常重要的地位。较强的抗击打能力意味着运动员在面对对手的猛烈攻击时，能保持身体的稳定，减少受伤的风险，并能在短时间内恢复状态，继续投入比赛。这种能力不仅能帮助运动员在比赛中取得优势，还是他们在长期训练和比赛中保持健康、延长运动生涯的重要保障。为了提高抗击打能力，跆拳道运动员需要进行专门的抗击打训练。在紧张激烈的对抗中，遭受对方的击打是在所难免的。如果抗击打能力较弱，一旦被对手的重击击中，就会影响技术动作的运用和发挥，从心理上产生畏惧感，动摇取胜的信心，进而造成技术失调，受制于人。

抗击打训练是为了提高运动员的抗击打能力而进行的专门训练。抗击打能力的训练能使运动员肌肉变得结实、坚硬，能有效提高运动员的自我保护能力和比赛的自信心，避免和减少运动损伤的发生。

一、抗击打能力的训练方法

抗击打能力训练的方法有很多，常用的有以下两种：

（一）拍打训练

1. 自我拍打

自我拍打可徒手对自己的要害部位、进攻“武器”（拳和脚）和易受击打部位，如头部、腹部、背部、上肢、下肢等进行拍打练习以及通过脚踢沙袋或较硬的脚靶，来提高脚踝部的承受能力。亦可利用特制的器械对身体部位进行拍打或撞击，如用手靶击打面部，用特制木棍敲打、碾压胫骨、手臂和脚踝部等。

2. 相互拍打

拍打练习也可与队友一起进行，相互拍打或撞击身体相关部位，如靠臂练习、相互拍击、撞击胸腹部，用拳法或腿法相互踢打身体相关部位等。也可在同伴的帮助下利用特殊器械对身体各部位进行相互拍打、碾压，如让同伴戴手套击打面部和胸腹部，用实心球抛击胸腹部，用脚靶或木棍等硬物拍击，碾压腹部、背部、下肢和脚踝等。

（二）模拟实战训练

为提高运动员的抗击打能力，可在一定条件下进行模拟条件实战练习。如规定一方结合步法运用各种高腿击头动作进行具有针对性的进攻，另一方则针对击头动作进行专门的防守练习，旨在提高头部的防护能力；或采用随意性的进攻，在移动中用腿重点击打腹部和背部，以提高运动员的抗击打能力和被击中后的应变能力。

二、抗击打能力训练的要求

（一）循序渐进

抗击打能力训练要科学合理地安排好运动量，根据运动员的实际能力和水平，切实掌握好击打的力度，要量力而行，由轻到重，循序渐进，不可急于求成。进行抗击打能力的对抗实战比赛训练要慎重，不可不切实际而草率行事。

（二）全面击打

进行抗击打能力的训练，要注意身体的全面性，应特别注意加强前臂、小腿、脚踝部和易受伤部位的抗击打能力的练习。

（三）持之以恒

人体机能的改变需要一定的过程，不是在短时期内可以奏效的，对训练的适应必须通过机体自身各个系统、器官、肌肉的变化来逐步实现。值得注意的是，机体在负荷作用下所获得的一切能力，在停止训练后也会较快消退。因此，提高运动员的抗击打能力必须系统地、不间断地进行，保持与运动技能的同步发展。

（四）针对性强

抗击打能力的训练要针对运动员个人实际情况及不同训练阶段的任务与要求，采取相应的手段，同时还要注意训练与实战相结合，一切从实战出发，根据技战术的需要进行有针对性的练习。

（五）加强恢复

进行抗击打能力训练后，必须有行之有效的恢复过程。可采用按摩、沐浴、热敷、心理暗示等手段进行恢复练习，也可以结合合理的营养膳食与药物，以促使机体尽快得到恢复。针对跆拳道运动的特点，每次训练课后，用添加具有消炎止痛、活血化瘀的中草药药水，对前臂、小腿、脚踝部进行泡浴，实践证明，这是一种行之有效的恢复方法。

第四章　跆拳道的心理训练

心理训练是跆拳道运动一项重要的训练。本章从四个角度分别介绍了心理训练内容，分别是跆拳道运动员的心理特点、心理训练的基本内容、心理训练的一般方法、比赛前后常见的心理调节方法。心理训练对跆拳道运动员的心理素质有着重要影响。

第一节　跆拳道运动员的心理特点

跆拳道运动员的心理活动特征是在长期专项运动实践中逐渐形成和发展的，这些特征不仅体现了运动员从事跆拳道运动的独特心理素质，还是他们在比赛中取得优异成绩的重要保障。通过深入分析和理解心理特征，我们可以更好地指导运动员进行心理训练和比赛准备，提高他们的竞技水平和运动表现。

一、跆拳道运动的活动结构和活动条件

跆拳道运动的活动结构和活动条件决定了跆拳道运动员的专项心理特征。跆拳道运动的活动结构展现了其独特的竞技特点，它不仅是一种身体运动，更是一种融合技术、战术、心理和身体的全面对抗。运动员在比赛中运用各种技术动作，通过精心的组合和变化，形成错综复杂的战术行动，充分展示了跆拳道的战略性和技巧性。跆拳道比赛中的行动可以明确划分为进攻行动和防守行动。这两类行动在比赛中交替进行，构成了跆拳道比赛的核心内容。进攻行动是运动员主动发起的、旨在击败对手的行动。进攻行动包括各种踢腿、冲拳等技术动作，以及这些动作的组合和战术应用。成功的进攻需要运动员具备快速、准确和有力的技术

执行，同时还需要良好的时机判断和分析对手的能力。防守行动是运动员为了阻止对手的进攻、保护自己而采取的行动。防守包括躲避、格挡、反击等技术动作，它们同样需要运动员具备精湛的技术和敏锐的反应能力。在防守过程中，运动员需要时刻准备进行反击，以夺取比赛的主动权。跆拳道运动的活动结构是复杂而多变的，要求运动员在比赛中不断调整自己的战术和技术，以适应不断变化的比赛形势。

跆拳道运动受主观条件影响，运动员所实施的各种技术动作和战术行动都是在这些条件下完成的。跆拳道运动员在比赛中实施各种技术动作和战术行动时，需要充分考虑并适应主观活动条件。这些条件既是挑战也是机遇，促使运动员在比赛中不断提高自己的技术水平。在跆拳道运动中，运动员所执行的每一个技术动作或战术行动都是一项复杂的任务，这些任务的完成不仅受到运动员自身生理条件的制约，如体力、柔韧性、力量等，还受到心理因素的影响，如自信心、专注力、抗压能力等。同时，这些行动还必须在有限的时间和空间内进行，并且要考虑到与对手的激烈对抗。因此，跆拳道运动员必须清晰地认识比赛的形势，理解自己和对手的优势与劣势，还要具备战术意识。在比赛中，运动员还需要快速感知对手的动作意图、节奏和力度，并准确判断出自己应该如何应对。

在跆拳道运动中，运动员对不同的主客观刺激是以相应肌肉系统的协调活动组成各种基本技术动作所做出的应答。它是以动作的多样化、精细化、动作结构的变异性以及简单反应和复杂反应的迅速性、准确性、灵活性和敏捷性为特征的。

从运动员对种种主客观刺激的应答过程来看，它是对对手的诱导信号（所发起动作的前兆或假动作）做出综合的分析、判断后，在明确与掌握对方意图的基础上做出正确的预见，然后选择与之相对应的、行之有效的应答动作（防守或反击）并实施（完成防反动作）。

二、跆拳道运动员的情绪和意志特征

在跆拳道运动实践过程中，运动员面临着极大的挑战。比赛中的技战术动作是在高度紧张、竞争异常激烈的条件下完成的，这无疑对运动员的生理与心理活动构成巨大的考验。这种紧张的环境要求运动员具备一系列特定的心理能力和品质，以确保他们能在比赛中发挥出最佳水平。首先，运动员需要具备应对各种情绪刺激的能力，无论是喜悦、兴奋还是紧张、焦虑，都能保持相对的冷静和稳定。情绪的稳定性是运动员在比赛中保持清醒头脑、做出正确决策的关键。其次，在比赛中，运动员可能会遇到各种突发情况，如对手的突然攻击、裁判的误判等。在这些情况下，运动员需要迅速调整心态，保持冷静，不被情绪左右。运动员可以通过深呼吸、积极暗示等方法来平复自己的情绪，确保自己能保持最佳的竞技状态。再次，增力情绪状态能激发运动员的斗志和潜能，使运动员更加专注于比赛，发挥出更高的水平。为了保持这种状态，运动员可以通过积极的心理暗示、回忆成功经历等方法提升自己的自信心和斗志。最后，跆拳道运动员还需要具备一系列专项运动必备的意志品质。这些品质包括坚韧不拔、勇敢无畏、果断决策等。在比赛中，运动员可能会遇到困难和挫折，但他们需要坚定信念，勇往直前，不断挑战自我，超越自我。这些意志品质将帮助他们在比赛中取得优异的成绩。

跆拳道运动员的情绪体验一般有以下几个方面的特点：

首先，情感和情绪体验在运动员的竞技生涯中扮演着举足轻重的角色，它们紧密地围绕着成功与失败而不断变化。强烈的成功愿望是运动员内心的驱动力，激励着他们不断超越自我，追求更高的荣誉和成就。有时，运动员无法摆脱因可能失败而产生的焦虑情绪。比赛是双方体能、技术、战术、智慧、心理的大比拼，不可预测的因素较多。因此，比赛中成功与失败总是伴随着运动员，使运动员在这种成败之间去完成情感和情绪的体验。

其次，情绪体验异常强烈与鲜明。运动员的高涨情绪是复杂而多元的现象，它涉及神经系统的兴奋、对比赛意义的理解、对结局的期望与估计，以及众多其他因素。这种情绪状态不仅反映了运动员的内心活动，更对比赛表现有着深远的影响。一方面，神经系统的强烈兴奋是高涨情绪产生的生理基础。当运动员处于兴奋状态时，他们的反应速度、注意力和判断力都可能得到提升，这对于比赛中的表现无疑是积极的。然而，过度的兴奋也可能导致紧张、焦虑等负面情绪，影响运动员的发挥。另一方面，运动员对比赛意义的认识和对结局的估计也是影响情绪的重要因素。当运动员深刻理解比赛的重要性，并对自己的期望水平较高时，他们往往会更加投入和专注。同时，如果对手实力强大，主客观困难因素多，运动员可能会感到更大的压力和挑战，从而激发出更强烈的情绪体验。此外，运动员的情绪也会随着比赛时间的临近而变化。这取决于他们的体能状况、技战术实力和心理状态的能力水平。体能充沛、技战术实力强、心理状态稳定的运动员往往能更好地控制自己的情绪，保持冷静和专注。

最后，情绪体验的性质变化迅速。跆拳道比赛中运动员的情绪体验是复杂多变的，受到多种因素的影响。其中，优势与劣势的转化常是情绪体验性质发生转变的主要原因。当运动员从优势转为劣势，或从劣势转为优势时，他们的情绪可能会经历从兴奋到失落，或从紧张到放松的急剧变化。这种情绪的转变不仅影响运动员的心理状态，也可能直接影响他们的技战术发挥和比赛结果。在跆拳道比赛中，胜负往往只在一瞬间。在这种情况下，运动员的情绪体验达到空前的高度，他们的每一分努力、每一次尝试都可能成为决定胜负的关键。此时，运动员心理的稳定性尤为重要。心理稳定的运动员能在关键时刻保持冷静，发挥出自己的最佳水平；而心理不稳定的运动员则可能因为情绪波动而影响发挥，甚至导致比赛失利。因此，对于跆拳道运动员来说，除了技战术的训练外，心理稳定性的培养也是至关重要的。

跆拳道运动员的情绪体验特点有其固有的规律，这些规律不仅反映运动员的心理状态，而且直接影响他们的运动表现和比赛结果。对于高水平跆拳道运动员来说，保持积极向上的增力情绪状态尤为重要。这需要运动员具备强大的自我控制和调节能力，能在比赛过程中及时调整情绪，保持冷静和自信。这种稳定性和控制调节能力在很大程度上依赖运动员的意志品质。意志品质是指运动员在面对困难和挑战时所表现出的坚定性、果断性和毅力。在跆拳道运动中，运动员需要经历长时间的训练和艰苦的比赛，需要具备强大的意志品质来支撑自己不断前进。通过长期的训练和比赛实践，运动员可以逐渐培养和提高自己的意志品质，从而更好地掌控自己的情绪和表现。

三、跆拳道运动员个性心理的特征

个性心理特征是人与人之间心理差异的重要标志，不仅反映了人的遗传素质和社会实践活动的影响，还通过个体的心理活动表现出来，并对人的行为和思维产生深远的影响。个性心理特征的形成和发展是在个体遗传素质的基础上，通过个人的社会实践活动逐渐形成的。社会实践活动促使个体根据社会要求调整自己的行为和心理特征，使个性心理特征逐渐趋于稳定。在此过程中，个体对社会实践的参与程度、所处社会环境的影响以及个人经历等因素，都会对个性心理特征的形成产生重要影响。

跆拳道作为一种精神运动，其活动结构、条件以及训练和竞赛的各种特点，对运动员的心理过程有着特定的要求。这些要求不仅涉及心理过程的强度、速度和稳定性，还关乎心理活动的指向性和表现方式。首先，跆拳道运动员需要拥有极强的神经过程。神经过程的强度决定运动员在面临大强度、长时间的刺激时，神经系统能保持持久的耐力。在跆拳道的激烈对抗中，运动员需要持续保持高度的专注力和反应速度，要求他们的神经系统具备出色的耐久力。其次，神经过程的灵活性对跆拳道运动员来说至关重要。在比赛中，技战术情况瞬息万变，运动员需要快速调整自己的行动结构和方式。这种高度的灵活性确保运动员能迅速适应比赛节奏的变化，提高变换动作的速度和节奏，从而实施有效的战术措施。最后，平衡性也是跆拳道运动员心理过程的重要特征。在比赛中，运动员需要保持冷静和稳定的心态，以应对各种突发情况。平衡的神经过程有助于运动员在紧张激烈的比赛中保持清醒的头脑，做出正确的判断和决策。

跆拳道运动员的气质特征与个体的精神运动特性密切相关，这些特性在运动员的行为中得以体现。从气质类型来看，多血质、胆汁质、黏液质以及它们的中间型都有可能适合跆拳道运动的特点。多血质的人通常具有感受性较弱，但反应性、兴奋性、平衡性强的特点。他们外向、爱交际，灵活性高，反应速度快，这些特点使他们在跆拳道运动中能迅速应对各种情况，灵活调整策略。胆汁质的人反应性和主动性很强，兴奋通常占优势，情绪兴奋性强，反应速度很快，这些特质在跆拳道比赛中能转化为攻击性强、敢于拼搏的风格。黏液质以及三种气质类型的中间型则兼具稳定性和灵活性，使运动员在保持冷静的同时，也能灵活应对比赛中的各种变化。

第二节　心理训练的基本内容

一、长期心理训练

在对跆拳道运动员进行长期心理训练的过程中，应特别注意以下几点：

第一，在跆拳道运动员的训练过程中，心理训练与身体训练、技战术训练以及思想教育应当有机地结合起来。这种综合性的训练有助于运动员各项能力的全面提升，从而更好地应对比赛中的各种挑战。比如被同伴后旋踢反击击中了头部，在并不是很严重的情况下，要让运动员继续坚持将这场实战打完再下场，以此培养运动员坚强的意志品质。

第二，让跆拳道运动员体会到，仅依靠日常的身体素质和技战术训练就获得较为优异的成绩是无法实现的，从而使他们能自觉地参与到心理训练中，使他们明白，心理训练也是跆拳道训练的一个重要组成部分。

第三，要长期、有计划、有步骤地向跆拳道运动员提出心理训练的要求，也就是说，要做到循序渐进、逐步提高。若想让运动员得到良好的心理训练，一个非常重要的前提就是教练员要以身作则，先学会控制自己的情绪，不管遇到任何事情都能沉着冷静，不随便发脾气，果断、细致地去处理事情。

二、赛前心理训练

通常情况下，会在比赛前约三个星期对运动员进行赛前心理训练，这是根据既定的比赛任务而进行的有针对性的短期心理训练。之所以会对运动员进行赛前心理训练，是为了让他们在较短的时间内掌握自我调节心理状态的方法，从而以最好的状态参加比赛。运动员进行赛前心理训练主要是完成以下几项较为重要的任务：

第一，让运动员明确比赛任务，激发他们的比赛动机，使他们有足够的信心去赢得比赛的胜利。

第二，让运动员掌握较为具体的心理训练方法，并能灵活运用。比如，运动员通过有效控制和调节自己的心理状态，最大限度地消除自己的心理障碍，从而达到最佳的竞技状态。

第三，使运动员不断提高对比赛的适应性，在跆拳道运动中，运动员对比赛的适应性以及保持稳定且积极向上的心理状态，无疑是决定比赛胜负的关键因素。在比赛中，运动员应时刻保持自信，相信自己能战胜对手，克服困难。

在进行赛前心理训练的过程中，有以下几方面需要特别注意：

第一，必须在对运动员有较为全面了解的基础上，有针对性地进行赛前心理训练。并且，应在明确比赛任务之后再合理地去激发运动员的比赛动机，从而使他们具有较为强烈的比赛欲望。

第二，在制定比赛目标时，不能将目标定得过高，而是应根据运动员的实际水平，使运动员在经过努力之后能达到制定的目标，只有这样才能使他们对比赛充满信心，反之则会使他们充满紧张感，甚至行动失常。

第三，教练员应尽可能地帮助运动员了解对手的情况，并在赛前与队员一起分析和制定比赛战术。

三、赛中心理训练

赛中心理训练指利用每场比赛的赛前、局间休息期间、轮次的间歇，对运动员进行心理训练或调节。进行赛中心理训练的目的主要包括以下几方面：

第一，帮助运动员对比赛中出现的新情况、新问题进行分析。

第二，及时修订新的比赛行动对策和计划。

第三，采取必要的措施对运动员进行有效地心理调节与暗示，使他们积极、稳定的心理状态得到保持。

需要注意的是，教练员一定要把握住局间休息的一分钟，将之前比赛的情况和相关信息（对手的技战术水平及动作特点与习惯等）及时反馈给运动员，并且根据赛况和信息对运动员进行有针对性的指导，帮他们树立信心，激发他们的斗志。

四、赛后心理训练

在跆拳道比赛结束之后，运动员不管是在身体上还是在心理上都会非常疲惫，经过合理的休息，身体上的疲惫很快就可以恢复，但对于心理来说，必须经过积极的调节才能有所恢复。比赛无论是什么结果，无论是成功还是失利，都要求运动员能正确看待，这也是心理训练过程中不可或缺的重要环节。

对比赛取得优异成绩的运动员，在充分肯定其积极向上的情绪体验的同时，更要看到其成功下面隐藏的消极的情绪体验和因比赛胜利而滋生的骄傲自满等不良情绪体验。而对比赛失利的运动员，则应同他一起来分析比赛失利的原因，多给予正面而积极的鼓励，消除因比赛失利带来的消极情绪体验，不断激发运动员的斗志，培养运动员不惧挫折、积极进取的训练和比赛动机，总结经验，消除其不良情绪，使其积极地投入新的训练中去，争取更高的目标。

第三节　心理训练的一般方法

一、放松训练

模拟在比赛条件下，进行放松训练，主要方法如下：

一是当感受到身体紧张或情绪焦虑时，立即进行深呼吸。呼吸次数的减少，呼吸深度的增加，会使心率减慢，缓慢的心跳会使人逐渐平静，随之肌肉的紧张程度与焦虑情绪得到缓解。

二是运用默念暗示法的方式进行自我暗示，如“我的上肢肌肉放松了”“我的小腿放松了”等。

三是在赛前，当过度紧张时，运动员可播放轻松、节奏慢的音乐，使身心逐渐得以放松。

二、表象训练

表象训练是指在暗示语的指导下，头脑中对某个运动动作或环境进行反复想象，从而使自己的运动技能和情绪控制能力得到进一步提高的方法。这种方法在运动领域中是较为常用的。进行表象训练对运动员正确动作动力定型的形成和巩固、动作熟练程度的提高以及动作记忆的加深都是非常有利的。跆拳道运动员进行表象训练时，要在形成正确的运动表现的基础上进行，教练员给的语言暗示应尽可能简单明了。运动员在学习技能、战术阶段，重点是正确掌握动作和提高学习效果。在比赛期间，侧重点是提高运动员对兴奋、紧张等情绪的掌控能力。

三、念动训练

通过对运动的想象或回忆等引起运动反应，即念动训练。这是一种将运用表象和自我暗示相结合的心理训练方法。

在教学训练中，只有在形成精确的运动表象之后，才能进行运动训练。也就是首先要让运动员处于安静和放松的状态，注意力始终处于较为集中的状态，然后想象自己正在进行某一技战术动作的练习，特别是两人对抗练习的情景，更能促进技战术组合能力、运用能力和反应能力的提高，这样反复地进行想象练习，会进一步巩固已形成的动力定型。

四、意志训练

在意志训练过程中，要根据运动员的训练情况实行适当的惩罚措施，让运动员明白自己存在的问题和努力的方向，这样做可以有效激发运动员的斗志，增强他们的意志力和竞争意识。意志训练是一个持久的过程，这就要求所有教练员都要始终坚持将训练落实到比赛的方方面面，并且还应根据每名运动员的特点，做到因材施教，具体如下：

（一）正面教育

教练员在日常生活中应经常对运动员进行正面教育，通过长期的系统教育使运动员树立正确的价值观，热爱体育事业，对自己的职业与从事的工作具有责任心。只有通过艰苦的训练，培养吃苦耐劳、顽强拼搏的精神，才能随着训练年限的增长、训练水平的提高，逐渐提高自己的意志品质。

（二）配对练习

配对练习包括相同运动水平、不同运动水平、不同级别的配对练习。例如，按照教练员指令，进行攻防空击或实战练习；与实力强的队员一起进行实战训练，培养队员敢打敢拼、勇猛顽强的战斗精神；通过与同伴实战，运动员可以在逐渐了解对手的过程中，寻找有效对策。配对练习中反复的应对探索、有效的反击或成功的主动击打，可以增强自信心，促进自我调整、自我暗示、不服输、坚持拼搏等良好意志品质的形成。

（三）大运动量训练

运动员的意志品质可以通过大运动量训练来培养。教练员应严格对待运动员的每一次针对技术和各项身体素质的训练。

五、诱导训练

（一）赛前安定训练

对运动员进行赛前安定训练，可以在很大程度上保证他们有足够的休息时间，能将他们的注意力从比赛转移到其他事情上，同时也能放松他们的心理。其中效果比较明显的几个方法如下：练气功、阅读书籍或报纸、观看自己喜欢的电影、适度的娱乐活动等。

（二）赛中安定训练

对运动员进行赛中安定训练，主要有以下两点好处：

第一，采用相应的赛中安定训练，可以避免外界环境条件的变化给运动员带来的一系列不良影响。

第二，即使比赛中发生了一些意外情况，也不会对运动员正常发挥技战术水平产生很大的影响。

六、模拟训练

在跆拳道训练的过程中，比较常见的几种模拟训练方法如下：

第一，模拟对手的技战术打法特点，目的是进一步提升运动员的技战术适应能力以及运用能力。

第二，模拟比赛场景和观众情绪，目的是有效提高运动员的抗干扰能力。

第三，模拟比赛日程安排和作息制度，目的是使运动员能较为及时地调整自己的“生物钟”。

第四，模拟裁判员的误判、错判和漏判，目的是提高运动员的心理承受能力。

以上几种模拟训练都是比较常用的，应根据具体需求和实际情况来有针对性地进行选择和运用，具体做法如下：

（一）在比赛情境下进行实战

模拟正式比赛所有的实战环境，要求运动员根据赛前安排的技战术投入比赛。在场上如有突然变化，也要保持冷静，灵活运用技战术，使自己在比赛中处于主动地位，即使不能处于主动地位，也应尽快扭转被动局面，化被动为主动，从而转败为胜。

（二）模拟比赛时段环境

每个级别的比赛，均在一天内完成，连续比赛不间断，晚上进行决赛。不同地域环境、气候、时间、场地和灯光等，均会对运动员竞技水平的发挥带来影响。如何提前适应，以常态投入比赛，直接关系到运动员的竞技状态，提前模拟比赛各时段的情境就显得非常重要。

（三）模拟赛前准备活动

根据比赛出场时间，计算自己应做准备活动的开始时间、所需时间等，应提前做到心中有数。在平时的训练中，应反复模拟，直到养成习惯。否则，很可能会因一个环节不畅，对运动员的情绪或体力带来不良影响，影响竞技水平的正常发挥。因此，运动员应反复模拟赛前准备活动，以排除参加比赛时不利因素所带来的不良心理影响。

（四）模拟裁判偏袒对手情境

裁判无意错判或反判，使运动员在比赛时处于被动，此时会给运动员的情绪带来一些消极影响，继而使运动员产生不安、急躁的情绪，甚至被激怒。在实战训练中，模拟场上不公正的打分情境，以培养运动员在特殊情境下冷静、不骄不躁的平稳心态。

第四节　比赛前后常见的心理调节方法

一、赛前心理调节的方法

（一）比赛动机训练

对于不同的人来说，他们的比赛动机也会有所不同，而稳定、积极的心理状态的形成，往往取决于良好的比赛动机。所以，应根据每名运动员的实际情况选择适合他们的比赛动机训练。

（二）自我认知训练

自我认知训练是一种赛前阶段提高自信心的心理训练方法。也就是说，在比赛之前对运动员进行自我认知训练，能使他们的自信心得到有效提高。在训练过程中，运动员可以给自己一些较为积极的暗示，时刻提醒自己将要运用的技战术会大获成功，从而使自己敢于使用一些新、难、绝的技战术动作。

（三）心理适应训练

心理适应训练能对运动员保持心理协调起到积极的促进作用。这种训练方法的内容主要包括以下几方面：

第一，训练运动员快速适应不同风格的裁判。

第二，训练运动员快速适应不同的比赛器材。

第三，训练运动员快速适应不同观众的情绪。

第四，训练运动员快速适应在不同的参赛地生活。

第五，训练运动员快速适应不同比赛场地的氛围。

（四）心理准备训练

心理准备训练是心理训练技能的重要组成部分，主要目的是帮助运动员在参赛前做好全面的心理准备。运动员需要深入观察和了解对手，通过与对手的交流和互动观察他们的战术动作和攻防习惯等，这样才能保证模拟训练的针对性，才能使自己对比赛做到心中有数、有的放矢。

二、赛后心理调节的方法

（一）迅速消除比赛成绩的干扰

研究表明，比赛成绩对运动员有着较强的心理刺激作用，并且在比赛后的1～3个月之内，比赛成绩对心理的刺激作用依然会保存在运动员的大脑皮层当中。也就是说，对于优胜者来说，可能会长时间处于欣喜和兴奋的状态中；而对于失败者来说，可能会长时间地处在沮丧和苦恼的状态中。由此可见，不管是赢还是输，都应在比赛之后及时对运动员进行适当的心理调整，消除比赛结果的干扰，从而可以更好地为接下来的比赛做准备。

（二）消除不正常的攻击心理

在跆拳道比赛中，受到比赛性质的影响，运动员有时会表现出明显的攻击性，也正是存在这种心理特点，才使运动员能对对手产生强烈的进攻冲动，使运动员时刻保持良好的比赛状态。但是这种进攻心理并不会随着比赛的结束而立刻消失，特别是在比赛中失败的一方，由于想要获得比赛胜利的愿望落空，没能达到自己预期的目标，很容易就会因受到刺激而再次产生攻击冲动。在新动机的刺激下，运动员的攻击性就会变得更强，甚至这种不正常的心理会在较长时间内影响到运动员的生活、学习、训练。为了有效避免这种不良后果的产生，必须在赛后及时对运动员进行心理调整。

（三）防止丧失自信心

对于运动员来说，不仅比赛的失败会使他们丧失自信心，即便是在比赛中胜出，但如果比赛过程中有些发挥与自己的预期有一定的差距，也会打击他们的自信心。

一旦运动员丧失自信，他们就会对之前建立起来的运动表象产生怀疑和动摇，甚至会觉得自己毫无用处，并不具备运动员应该有的素质和条件，对自己的运动特长进行否定。

如果放纵这些不正常的心理状态，对运动员的训练以及今后的集体生活、人际关系的发展都是非常不利的，严重的话还有可能出现心理障碍，甚至会严重损害整个团队的精神面貌。所以，必须在赛后采取适当的措施来恢复运动员的自信心。

（四）消除赛后的紧张情绪

运动员在参加完跆拳道比赛之后，比赛前和比赛中的一些较为激烈的紧张情绪并不会立刻消失，而是会持续一段时间。这种紧张情绪的强弱，通常取决于比赛层次和规格的高低，如果比赛层次和规格较高，那么这种情绪持续的时间也相对要久一些。

这些过度紧张、焦虑、悔恨的感觉，会一直深深地印刻在运动员的大脑中，需要经过很长时间才能消散。所以，在比赛之后，必须采取相应的措施尽快消除运动员的这种紧张情绪。相比之下，这个问题要更为重要一些，所以教练员必须给予高度重视。

第五章　跆拳道的辅助训练方法

本章主要介绍跆拳道训练中的一些辅助训练方法，比如利用器械进行辅助训练、对专项素质训练进行辅助训练、运动后的放松以提升练习者的力量、反应、速度、耐力等，进而有助于全面提升练习者自身综合素质，培养练习者勇敢顽强、英勇无畏的精神品质。

第一节　器械辅助训练方法

跆拳道运动除完成自身训练之外，由于训练的科学化，还经常借助一些器械进行辅助训练，从而增强自身的力量、耐力、反应等全方位的素质。脚靶、沙袋就是最常见的器械辅助训练工具。

一、脚靶训练

脚靶可以锻炼攻击的力度、速度、准确性及连续攻击能力，又可以使运动员逐步熟练动作之间的连接。队友间要相互帮助及尊重，如脚靶训练和实战等需要两个人配合训练，两个人从相互行鞠躬礼开始，到相互行鞠躬礼结束，必须认真负责帮助队友做好每个动作。两人在交换脚靶或任何训练用品时，要双手接送，同时行鞠躬礼。

（一）跆拳道靶

跆拳道靶可分为靶身和靶柄，靶身又可分为靶心和靶边缘（图 5-1-1）。

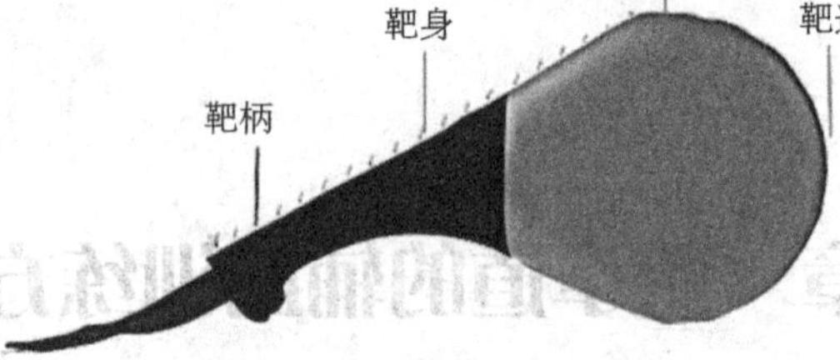

图 5-1-1　跆拳道靶

（二）拿靶方法

不同技术动作的练习采用不同的拿靶方法。踢靶时要踢靶的中心，拿靶时得拿靶柄的中间稍前端的部位。

（三）固定靶训练

两人相互拿固定靶训练各种踢法。

（四）喂靶训练

跆拳道训练重视并常采用脚靶、护具的喂招练习，要求配合运动员手持脚靶给练习运动员喂靶。喂靶训练可以培养队友间团结精神、互相尊重的良好情感。喂靶训练可以与实战较快地结合起来。

（五）移动靶训练

移动靶训练是一种高效的训练方法，它结合了反应速度、动作准确性和技术熟练度等多个方面的训练。在练习中，教练或同伴通过使用手靶、脚靶等器械，模拟实战中的不同攻击方式和角度，为练习运动员提供及时的靶位。练习运动员则需要根据靶位的变化，迅速做出反应，并准确地击中。这种练习方式要求示靶及时，教练或同伴需要根据练习运动员的水平和训练目的，合理控制靶位的变化速度和难度，以确保练习运动员能在适当的挑战下逐渐提高反应速度和动作准确性。同时，练习运动员也需要有针对性地及时做出反应，不断调整自己的姿势、呼吸和动作，以适应不同的靶位和攻击方式。通过移动靶练习，运动员可以有效地提高自己的反应速度和动作准确性，增强对实战环境的适应能力。在实战式站立的情况下，运动员需要保持高度的警觉，集中注意力，随时应对教练发出的信号或持靶的靶位变化。这种练习方式不仅可以提高运动员的技术水平，还可以锻炼运动员的心理素质和战斗意志。

二、沙袋训练

跆拳道是一项对抗性强的体育运动，其技术特点是按照比赛规则运用允许使用的腿法与拳法，准确有力地击打对手有效部位得分而取得比赛胜利的一种竞技活动。在训练中，可通过有计划、有步骤地击打沙袋的练习来提高跆拳道运动员的出腿速度、力量和击打准确度等。进行沙袋训练不仅对改进、提高技术动作的质量，掌握击打的时机和距离感，增强腿部力量，锻炼耐力，发展身体的灵敏性和协调性有良好的效果，而且对培养运动员吃苦精神和顽强的意志品质也非常重要。

（一）沙袋的构造与放置

击打沙袋的练习是跆拳道运动员一项不可缺少的专门性练习，是每个跆拳道运动员都应重视的训练内容。了解沙袋的结构对于提高练习效果至关重要。沙袋作为一种常见的训练器械，其设计与制作都体现了对运动员安全和对运动效果的双重考虑。沙袋通常由双层皮革或相似的高质量皮革材料制成，这种材料既坚固又耐用，能承受高强度的击打而不易破损。内芯填充的是粗沙，使沙袋在受到击打时能提供良好的反弹力，帮助运动员锻炼力量和技巧。同时，两层皮革之间填充的软鬃或海绵等物质，起到了缓冲作用，能减少冲击对运动员手部和关节的伤害。圆筒形的沙袋设计不仅便于悬挂和固定，还能模拟实战中对手的身体形态，使运动员能更真实地体验击打的感觉。沙袋的大小可以根据运动员的体重、身体形态以及练习目的等具体情况进行选择，以确保训练的有效性和安全性。在练习过程中，沙袋的放置高度也是一个需要注意的因素。一般来说，沙袋应悬吊在运动员能轻松击打其中间部位的高度，这样既可以保证击打效果，又可以避免因高度不当而造成的伤害。运动员可以根据自己的身高和击打习惯自行调节沙袋的高度，以达到最佳的练习效果。

通过贴墙架起沙袋或者有人扶托的方式进行训练，可以避免沙袋被击摆荡，这样运动员就能更专注于击打动作的准确性和力度，从而更好地体会和掌握技术要领。此外，在教练或同伴的指导帮助下进行训练也是非常重要的。他们不仅能及时发现问题，还能帮助分析动作，提供有效的反馈和建议。这样，运动员才能更快地纠正错误，掌握正确的技术动作，提高训练效果。

（二）沙袋训练注意事项

踢打沙袋作为格斗技能训练中的关键环节，能显著提高运动员腿法的准确性和实战应用能力。首先，在原地进行单个腿法的击打练习，有助于训练者熟悉和巩固每一种腿法的技术细节，如发力方式、击打角度和力度控制等。这是掌握复杂腿法组合的基础。其次，在移动中进行各种腿法进攻，配合步法的联合训练，对于提高实战中的灵活性和协调性至关重要。横踢、双飞踢、后踢、后旋踢等腿法的组合运用，需要运动员具备良好的步法转换和平衡能力，以便在实战中能迅速调整位置，有效发起攻击。再次，采取进攻与防守动作相结合的方法进行训练，有助于培养运动员的实战意识。迎击腿法，闪躲后的还击腿法，以及真假、轻重腿法的结合运用，不仅能提高腿法的实战效果，还能增强运动员的反应速度和判断力。在比赛前，了解对手的特点并进行针对性的进攻腿法练习，是制定有效战术的关键。通过模拟实战场景，运动员可以更好地适应比赛节奏，提高技战术水平，从而在实战中取得优势。最后，初学者应在基本掌握各种腿法动作的基础上，再进行击打沙袋的练习。这样可以确保在掌握正确技术的前提下，逐步提高实战能力，避免因为技术动作不规范而导致的受伤。

在击打沙袋的练习过程中，确保技术动作的准确性和避免形成错误习惯至关重要。首先，充分做好热身活动是预防受伤的关键。特别是针对脚趾、踝关节和腰部这些容易受伤的部位，应进行适当的拉伸和准备活动，以提高关节的灵活性和肌肉的弹性，减少受伤的风险。其次，在踢打沙袋时，应遵循先轻后重的原则。先进行空击练习，以熟悉技术动作和发力方式，然后再逐渐增加力度。这样可以确保技术动作的准确性和稳定性，避免因过度用力而导致的受伤。同时，保持正确的实战姿势非常重要。实战姿势不仅有助于发力，还能保护身体不受伤害。在踢打沙袋时，应始终保持实战姿势，并在击打后立即将腿收回，双手做好保护动作，以形成良好的动作习惯。在击打沙袋时，精神集中和实战观念的培养也是必不可少的。应将沙袋视为对手，进行实战模拟，以提高自己的实战意识和反应能力。要注意眼睛始终注视击打部位，确保出腿迅速、有力、准确。此外，用脚背踢打沙袋时，应注意踢打声音和沙袋的颤动情况。清脆、短促的声音和垂直的颤动，表明发力合理，否则可能是发力方式不正确或推击所致。

（三）沙袋训练方法

常见的沙袋训练方法主要有如下几种：

横踢沙袋：测量好站位与沙袋的距离，左脚站势站立，横踢沙袋（可左右脚连贯组合横踢沙袋）。

踢沙袋：测量好站位与沙袋的距离，左实战姿势站立，提膝推踢沙袋（可左右架交换推踢沙袋）。

侧踢沙袋：测量好站位与沙袋的距离，左实战姿势站立，提膝侧踢沙袋（可左右架交换侧踢沙袋）。

下劈踢沙袋：测量好站位与沙袋的距离，右实战姿势站立，下劈踢击沙袋（可左右架交换下劈踢击沙袋）。

后踢沙袋：测量好站位与沙袋的距离，左实战姿势站立，转身右脚后踢沙袋（可左右架交换后踢击沙袋）。

后旋踢沙袋：测量好站位与沙袋的距离，左实战姿势站立，转身右脚后旋踢沙袋（可左右架交换后旋踢击沙袋）。

正拳击打沙袋：测量好站位与沙袋的距离，左实战姿势站立，用正拳击打沙袋（可左右架交换正拳击打沙袋）。

（四）沙袋训练指导

沙袋在训练过程中，经常被使用，会在特定部位形成凹陷。这些凹陷与平坦部位的交接处，往往会成为训练中的隐患。踢到这个位置，脚背的受力可能变得不均匀，容易发生滚动，从而增加扭伤的风险。运动员在击打沙袋时，应时刻保持警觉，避免直接打击这些交接处，确保自身的安全。对于初学者来说，沙袋训练是一个循序渐进的过程。应先从基础的单个腿法开始练习，逐步掌握正确的姿势和发力技巧。直腿练习是一个很好的起点，它相对简单，易于掌握，可以帮助初学者建立正确的动作模式和肌肉记忆。在熟练掌握直腿练习后，可以逐渐引入更复杂的腿法，如摆腿和勾腿等。这些腿法需要更多的技巧和协调性，并且在实际战斗中也非常实用。通过不断的练习和摸索，初学者可以逐渐提高自己的技术水平。

在练习击打沙袋的过程中，特别要注意出腿时用力的时间、距离和角度。出腿的时间应准确，与沙袋的颤动相协调，以产生最大的冲击力。距离的控制也很重要，过近或过远都可能影响打击效果，甚至导致受伤。击打摆腿时，角度的选择直接关系到打击的准确性和安全性。此外，应有目的、有计划地进行击打练习。在每次练习前，应安排好击打的内容、组数、每组的时间以及具体要求。这样不仅能确保练习的系统性和有效性，还能更好地监控自己的进步。同时，要掌握出腿时的频率和轻重腿的节奏。频率和节奏的掌控对于提高打击效果和节省体力都至关重要。还要根据自身的技术特点和体力情况进行合理安排。每个人的身体条件和技术水平都有所不同，在制订练习计划时，应充分考虑个人的实际情况。这样不仅能提高练习效果，还能避免过度训练导致的伤害。

第二节　专项素质训练方法

除基础训练外，跆拳道运动还应进行一些专项素质训练，以增强运动员的力量、反应、耐力等，从而使其自身素质不断得到加强。辅助训练不能忽视，这是提升素质的重要手段。

一、反应训练方法

反应训练实质就是速度训练，可以增强身体反应机能，特别是实战灵敏度。

听口令做对应的相反动作：当教练喊口令立正时，练习者做稍息；当教练喊向左转时，练习者向右转等。

听信号起动加速跑：慢跑中听信号后突然加速冲跑 10 米，反复进行。

教练员或同伴发出攻击信号，运动员及时做出技术动作反应，常用的信号方式有手势、声音、靶位等。

往返移动跑：按正方形放置 4 个球或其他物体，各相距 5 米。从一个角开始依次用手摸各角的球，每次触球后都要返回起始点，重新开始向下一个球跑去（图 5-2-1）。

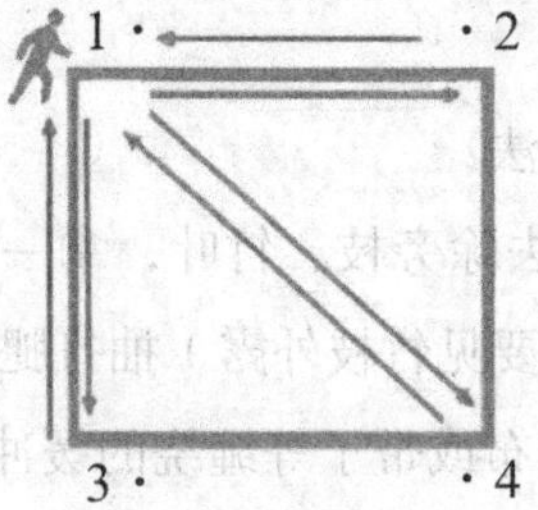

图 5-2-1　往返移动跑路线

训练指导：速度素质练习应在体力充沛、精神饱满的情况下进行。多采用竞赛和对抗练习，因为适宜的兴奋性可以提高训练的积极性。跆拳道专项反应素质训练应注意以下几点：一是实战对抗中的起动姿势为双方对峙站立式，并且身体重心在双脚中不断转化；二是攻击移动距离变化快；三是跆拳道的攻击技术中常常与变速、变向相结合；四是反应速度、动作速度、动作转换速度和移动速度与思维判断的速度有关。因此专项反应训练必须与跆拳道技战术训练相结合。跆拳道反应素质的提高还受到一些外部因素的影响，如气候、温度、环境等。这一切在发展反应素质的过程中都应引起运动员的重视。

二、跆拳道腿的硬度训练法

跆拳道作为一项强调拳腿攻击技术的武术运动，对身体各部分的硬度要求非常高。在跆拳道的实战中，无论是出拳还是踢腿，都需要运动员具备足够的身体硬度，以确保攻击的威力和效果。如果没有经过专门的硬度训练，运动员的拳腿威力可能无法完全发挥，甚至在攻击时还可能被对手反击，从而受伤。针对身体下肢的硬度训练，是跆拳道练习中不可或缺的一部分。这种训练是硬碰硬的，需要运动员付出大量的努力和汗水。通过持续不断的练习，运动员可以逐渐提高下肢的硬度，使自己在实战中能更好地应对对手的攻击，并发挥出更强的攻击力。对于硬度训练，有些人可能会担心造成伤病。然而，这种担忧其实是一种误解。

事实上，人体的适应能力非常强，通过合理的训练安排和逐步增加训练强度，可以逐渐提高身体的硬度和抗击打能力。总而言之，科学系统的硬度训练，可以极大地增强跆拳道选手肢体关节硬度和内部支撑承受能力，使之迅速锐化为真正的肉体攻击武器，其作用不仅在于提高攻击破坏力，还在避免肢体击打损伤方面有实际意义。

以下介绍几种硬度训练方法：

抽帚：取 20 条细竹枝，去除旁枝、竹叶，拿一软绳或布条将其从头至尾缚成一根竹条，绕捆后（最好不要见竹枝外露）抽打腿部各处，以不破皮为限。

踢击硬物：如用脚背踢用布或带子等缠绕的缓冲物，或用胫部直接踢击汽车轮胎。

滚胫：取一根直径 8～15 厘米，长度以 55 厘米为宜的竹筒。两膝跪地，将竹筒横放于地面上，用手支撑，以腿胫压住，双胫在竹筒上来回滚搓 10 来次。或以哑铃或啤酒瓶滚搓，滚搓部位包括胫部的正面、侧面和足背。

训练指导：硬度的训练是一个艰苦的过程，初练习时，可在击打面上垫上几层布或其他缓冲物，用力须由轻到重，切忌蛮练。硬度特训应持续 6 个月至 1 年，才可达一定效果。

三、视觉训练方法

在激烈的跆拳道对抗中，双眼是各种攻防技术的前哨，武谚曰“破敌全在一双眼”[①]，可见视觉机能在实战中的重要性。“其机在目，敌情预晓”，威严、锐利的眼神不仅能在气势上给对方造成心理的紧张和恐惧，同时还能目测距离，判断对手出腿的方向、角度，以便有效地组织防御和进攻。其训练方法一般有以下几种：

一是两人面对面站立，一人用手在运动员面前随意绕转挥击，要求练习者眼随手动或不动，但不能眨眼。

二是两人面对面站立，一人戴上拳套向运动员面部出拳，力度不宜过重，运动员精神稍微紧张，凝神注视。练习重点是避免人受击打后闭眼而发生伤害事故。

---

① 武兵 . 南拳 [M]. 合肥：安徽科学技术出版社，2016.

三是两人面对面站立，一人随意向运动员出拳发腿，运动员根据其攻击的技术动作做出相应的防守动作。练习要由慢到快，循序渐进，以免产生不必要的伤害。

训练指导：对于跆拳道运动员来说，养护好自己的一双眼睛，十分重要。在饮食方面平时也要多补充维生素 A、维生素 D，多吃胡萝卜、水果、海产品等。跆拳道运动员有一双锐利的双眼，才能在实战对抗中，明察秋毫，伺机而动，制敌于瞬间。

第三节　运动后的放松

一、冥想

（一）静态冥想

盘腿打坐与中国古代道家打坐相似。

（二）动态冥想

盘腿打坐由上肢引导呼吸，与中国古代导引养生功法打坐相似。

二、放松操

（一）深呼吸

两脚与肩同宽站立，两手由前向后伸展，打开胸腔吸气弯腰，两手放松吐气，重复数次。

（二）放松弹跳步

动作要领如步法中的弹跳步，两臂也可置于身体两侧。

（三）拉伸法

两手交叉于膝盖上方，做弓步拉伸，左右脚交换。

（四）揉捏法

两手由上至下揉捏大腿股四头肌，再揉捏小腿，重复数次。

（五）倒立蹬脚（又称倒踩脚踏车）

身体倒立，两腿交替蹬踏，节奏可快可慢。

第六章　跆拳道训练的科学保障

科学营养、运动保健、训练过程监控、医务监督是构成跆拳道训练科学保障体系的重要组成部分，这四个方面在跆拳道训练过程中均发挥着十分重要的作用，对跆拳道运动员身体素质和运动成绩的提高均发挥着积极影响。因此，本章对以上四方面的内容进行详细分析，通过阐述与剖析，促使跆拳道运动员更加清晰、深入地掌握跆拳道训练在科学保障体系方面的理论知识，为跆拳道运动的科学训练奠定理论基础。

第一节　营养保障

针对跆拳道训练与科学营养保障，主要从训练期间的饮食和饮食搭配两个方面进行分析。

一、训练期的饮食

（一）时间和食物的选择

在跆拳道运动训练前，吃一些易消化的食品会有利于运动能力的提高，较快消除疲劳。不同食物在体内的消化时间，对一个人的运动能力有着重要的影响。食物中脂肪的消化时间最慢，糖的消化时间最快。训练前应以高糖类、低脂肪的食物为主，如面包、饭、面和水果等。这些食物既容易消化，又能提供糖原。

如果训练超过 1 小时，应以单糖、双糖食物，如水果、奶、米饭为主，这些食物容易消化并能及时给人体供能。高纤维的食物也含糖类，如全麦面包，但这些食物消化时间长，容易造成训练时肚子不适。

在进行训练前进餐，进餐的时间应根据训练的时间和身体对不同食物的消化时间来决定。但基本原则是训练前食用的食物能供给运动所需的营养和能量，又不会在运动过程中造成肠胃不适。对跆拳道运动员而言，选择适当的食物以及合理安排进食时间，对于运动表现和身体健康都至关重要。高热量或高脂肪的食物由于其成分特性，通常需要更长的时间才能被身体完全消化。在训练或比赛前，如果摄入高热量或高脂肪的食物，这些食物可能会在胃中停留较长时间，导致运动员在运动中感到肠胃不适，如胃胀、恶心等。这不仅会影响运动员的运动表现，还可能对身体健康造成潜在威胁。因此，建议运动员在训练或比赛前避免摄入过多高热量或高脂肪的食物。同时，合理安排进食时间也至关重要，运动员可以根据训练或比赛的时间，提前规划好进食时间，确保食物在运动中已经被消化，从而避免肠胃不适。

人在运动时对胃中食物的感觉还会因运动的不同而有差异。如果是身体上下震动较大的运动，过量的食物就会令人感到饱胀不适，那么就需要在运动前更早的时间进食，让食物有更长的时间被消化，或者减少对食物的摄取，以减轻这些症状。因此，训练前的饮食和进食时间应因人而异。每个人都需要在练习时进行体验，找出最合适、最有效的食物和进食时间。

（二）食用的方法

1. 训练前

早上训练前，有些人习惯不吃早餐，这样参加训练时可能会出现乏累、无力的感觉。因为经过一个晚上，人体内糖类的供应量不足，所以，早上进行训练时应适当补充一些能量，可以吃一些苹果、全麦谷片等低升糖指数的食物，喝些牛奶、果汁、豆浆等饮品，既可以补充水分，又可使人有饱腹感。如果训练者还想再多吃一点，则可以加一片高纤维饼干或面包。补充糖类的最佳时间应是进行训练前10～30分钟，但在训练前和训练间要避免吃太多的脂类食物。而如果训练前已吃过轻食（以碳水化合物为主的食物），那么训练后的食品分量不妨少一些。“不过饱”应当被视为饮食的原则。

在午间训练之前，经过一个上午的训练，运动员的身体需要得到适当的能量补充。轻食作为一种健康且易消化的饮食选择，能很好地满足这种需求。轻食中的碳水化合物可以迅速为身体提供能量，维持血糖浓度的稳定，从而避免在训练过程中出现“饿得头晕眼花”的情况。对于不太饿的运动员，选择暂时不吃轻食也是可行的。他们可以在训练结束后再吃午餐，这时身体已经消耗了一定的能量，进食午餐可以更好地促进肌肉的恢复和增长。不过，无论是在训练前还是训练后，补充足够的水分都是非常重要的，有助于维持身体的正常代谢和调节体温。此外，训练后摄入含碳水化合物的食物，如谷类、豆类等，也是非常重要的。这些食物不仅可以帮助肌肉恢复能量，还可以促进脂肪的燃烧，为肌肉提供持续的动力来源。同时，它们还可以维持肌肉中的肌糖原水平，有助于运动员在后续的训练或比赛中保持良好的体能状态。

2. 训练后

训练后应主动积极地补充运动时所消耗的能量和营养以促进恢复，为之后的运动做好准备。因此，在跆拳道训练后的营养补充应重点从以下两方面着手：

一是补充水分。跆拳道运动作为一项高强度、高消耗的运动形式，会使运动员体内大量水分通过汗液流失，进而引发脱水现象。脱水不仅会影响运动员的体温调节能力，使其体温上升，还容易导致疲劳感加剧，对运动表现产生显著的负面影响。具体来说，当运动员流失体重 1% 的水分时，身体散热能力会下降，热量更容易在体内积聚，从而增加疲劳感。而当水分损失达到体重的 3% 时，这种影响会变得尤为明显，运动员可能会感到力不从心，运动表现大打折扣。因此，在跆拳道训练后，绝大部分运动员会处于不同程度的缺水状态。为维持身体的正常代谢和运动状态，运动员需要积极补充水分。这不仅有助于恢复体内的水分平衡，还能促进代谢废物的排出，缓解肌肉疲劳，为下一次训练或比赛做好准备。在补充水分时，运动员需要注意适量、多次的原则，避免一次性大量饮水造成身体不适。此外，运动饮料或淡盐水等含有一定电解质的饮品更适合运动员在训练后饮用，因为它们能更有效地补充身体在运动中消耗的能量和物质。

二是补充糖原。跆拳道训练后，应迅速地补充运动中体内消耗的肝糖原。具体方法有：在激烈训练后的 30 分钟内，摄取含高碳水化合物的食物。依照自己的体重，每 2 小时供给约等于体重 1% 重量的碳水化合物，直到恢复正常的饮食。在恢复期进行训练时，由于对碳水化合物的需求将会增加，因此每千克体重每天需摄取 8～10 克的碳水化合物，以维持肌肉最佳的肌糖原储存量。肌肉受伤会影响体内肌糖原的储存量，所以可在恢复期最初的 24 小时内，增加碳水化合物的摄取量。含碳水化合物的饮料、运动营养补充品以及单糖类食物，可以为参与训练的运动员提供一个实际及综合的碳水化合物来源。含营养密度高的碳水化合物食物及饮料，因其可以提供其他的营养素，所以这类食品对于训练后的恢复过程是很重要的。

二、饮食的搭配

合理的饮食搭配，对于人体的生长发育、增强免疫力、健身塑形都有着十分积极的影响。在进行跆拳道训练时，运动员由于体力消耗较大，往往需要进行合理的饮食以及时补充能量，在维持机体正常需求的基础上保持正常运动训练的供能。因此，训练期间的饮食搭配要保证所含营养素数量充足、种类齐全、比例适当，并与机体的需要保持平衡。只有各种食物搭配合理，才能最大限度地满足身体需要，从而达到保持健康的目的。

（一）饮食搭配的基本要求

饮食搭配要求能达到热量的平衡和维生素供给充足。合理搭配的饮食应提供足够的热能和各种营养素，满足人体正常生理的需要，还可以保持各种营养素之间的平衡。

1. 热量平衡

热量是人体进行活动的能源，热能的供给应以消耗为主，热能供给过多或不足都会影响健康，甚至引起疾病。长期热能供给不足，会导致营养不良症的发生，表现为基础代谢降低，身体消瘦，精神不振，皮肤干燥，对疾病的抵抗力下降等；而热能供给过剩，则可造成脂肪在体内积累，形成肥胖。所以，饮食搭配的热量必须恰当。热能是否恰当，可用体重的变化做粗略的估计。饮食搭配中蛋白质、脂肪和糖的比例对机体的代谢状况和工作能力也有一定影响。一般情况下，脂肪含量较少，糖和蛋白质相对较多。蛋白质、脂肪和糖的比例按重量计为 1 ∶ 0.7 ∶ 5。

2. 维生素充足

饮食搭配中的维生素十分重要。一方面，可以补充机体在运动时损失的维生素；另一方面，合理增加维生素的供给量，可以改善机体的运动能力，提高运动水平，保证运动质量，加速机体疲劳的消除。但维生素的摄入量也不应过多。长期摄入过多的维生素，机体的维生素代谢提高了，一旦饮食中摄取的维生素突然减少，就会产生维生素缺乏症。机体摄入维生素时，最好从天然食物中摄取。如应用维生素制剂时，最好选择复合维生素。

按照热量和营养素标准，选择食物的种类和数量，即可组成平衡的饮食。食物可以简单分为以下几类：粮食类，供给人体淀粉、蛋白质、无机盐、B 族维生素和纤维素；肉、蛋、鱼及大豆类，供给人体优质的蛋白质、脂肪、部分无机盐和维生素；奶或奶制品类，供给人体优质的蛋白质、脂肪、维生素 A、维生素 B 和钙等；水果和蔬菜类，供给人体维生素、无机盐及膳食纤维素。

（二）饮食搭配的注意事项

第一，在训练时，由于代谢旺盛，激素分泌增加，排汗量增多，维生素的缺乏会提前出现，这时容易出现运动能力下降、疲劳等不良反应。因此，训练前的早餐应含丰富的蛋白质和维生素。

第二，合理地摄入热量，通常比不训练时稍多些。

第三，晚餐不宜过多，且不宜吃含脂肪和蛋白质过多以及刺激性较强的食物，以免影响睡眠。

第四，在冬天进行训练时，由于能量消耗过大，所以要加大能量和维生素的摄入，可适当增加脂肪的摄入；在夏天进行训练时要注意适时适量饮水。

第二节 运动损伤与预防

一、跆拳道运动常见损伤

（一）开放性软组织损伤

“开放”指伤口与外界相通，容易出血与感染。开放性软组织损伤包含常见的擦伤、撕裂伤、切伤、刺伤等。

（二）闭合性软组织损伤

闭合性与开放性相对，即无裂口与外界相通，出血堆积在组织内，如“瘀血”。在跆拳道运动中，常见挫伤、肌肉拉伤、扭伤等损伤。

（三）骨折与关节脱位

骨折与关节脱位是常见的运动损伤。骨折就是骨的完整性遭到破坏。在跆拳道运动中，由于对抗性强，骨折是时有发生的。骨折分为开放性骨折、闭合性骨折和复杂性骨折三种情况。开放性骨折是指骨折端穿破皮肤，直接与外界相通，这种骨折极易感染并发生骨髓炎和败血症。闭合性骨折是指骨折处皮肤完整，骨折端不与外界相通。复杂性骨折是指骨折后，骨折断端刺伤了重要组织、器官，可能导致严重的并发症。骨折发生后，除有疼痛、压痛、肿胀及皮下瘀血外，还有其特有征象，如震痛、功能丧失、畸形等，还可能发生休克。

关节脱位也称脱臼，是指关节面之间失去了正常的联系。关节脱位一般是由间接暴力所致。关节脱位还可能伴有关节囊撕裂、关节周围软组织损伤等，严重时还可能伤及神经甚至伴有骨折。

（四）休克

休克是指人体在遭受体内、外各种强烈刺激后发生的严重的全身性的综合征，以急性周围循环衰竭为主要特征。由于有效循环血量相对减少，组织器官缺氧，因此，会发生一系列的代谢紊乱，造成恶性循环，如不及时处理，可能会导致死亡。当休克发生后，主要症状为面色苍白、四肢发凉、冒冷汗、脉搏细数、呼吸浅速，严重者发生昏迷。

（五）肌肉拉伤

当肌肉主动收缩超过了负担能力或被动拉长超过了伸展性时，就会造成肌肉微细损伤、肌肉部分撕裂或完全撕裂，这些都被称为肌肉拉伤。跆拳道运动中常见的肌肉拉伤是大腿后群屈肌的肌肉拉伤，如做下劈踢打靶用力过猛而踢空时，较易发生腘绳肌起点或肌腹部的拉伤。另外，训练前准备活动不充分，或长时间训练和连续比赛，疲劳积累，这些情况如不注意都会造成肌肉拉伤，严重时可导致肌肉断裂。

（六）挫伤

肢体各部位被对方击中时都可能发生挫伤。跆拳道运动中较易发生挫伤的部位有大腿、小腿、胸部、头部等。挫伤可分为单纯性的损伤和复杂性的损伤。单纯性的损伤是指挫伤后的出血点可为瘀点、瘀斑及皮下组织局限性积血（血肿），挫伤重者疼痛和功能障碍较明显。复杂性的损伤较为严重，如头部挫伤后轻者可能发生脑震荡，严重者可能造成颅骨骨折，甚至危及生命。

（七）鼻子出血

鼻子出血一般是由于实战中鼻子受到击打以及身体的碰撞。

（八）膝关节急性损伤

1. 侧副韧带损伤

侧副韧带损伤包括内侧副韧带损伤和外侧副韧带损伤。内侧副韧带损伤是当膝关节屈曲成130～150° 时，小腿突然外展外旋或大腿突然内收内旋形成的损伤。外侧副韧带损伤是当膝关节屈曲，小腿突然内收内旋或大腿突然外展外旋时，形成的损伤。但由于外侧副韧带形如圆束并有股二头肌腱与髂胫束加固，所以受损伤的机会很小。

2. 十字韧带和半月板的损伤

十字韧带的损伤是由于膝关节半屈曲位时突然地旋转、内收、外展造成的。

膝关节半屈曲位，小腿外展外旋或内收内旋时，两块半月板滑动不协调，使半月板受到急剧的研磨、碾转而撕裂。半月板和十字韧带损伤后，当时就会有膝关节松动、软弱无力、不能正常持重行走等症状。这时应立即加压包扎送专科医院进行治疗。

二、导致跆拳道运动损伤的原因

从预防运动损伤的角度来看，造成运动损伤是由内在因素和外部因素共同作用的。内在因素包括身体条件和心理素质。身体条件指年龄、性别、体格、身体组成、体力、疾病、劳损、疲劳度、营养状况、身体柔软性等。心理素质指性格、紧张度、兴奋度、好胜心等。外部因素包括方法因素和环境因素。方法因素包括质的因素和量的因素。环境因素包括自然环境和人工环境等。

（一）身体条件

1. 年龄

青少年期骨骼发育尚未成熟，因此对于外力的抵抗防御能力较弱；发育中的骨和软骨与成人相比也比较软弱；骨的长径生长与骨周围肌肉肌腱发育相比，生长较慢。关节由骨和周围的关节囊、韧带等组成，在韧带受到暴力损伤时，骨和软骨往往先出现损伤。有关学者对跆拳道运动员损伤情况做了统计研究，从统计的结果可以看出青少年组损伤最多见的是骨折，其次是扭伤、挫伤，而在成年组中，软组织扭伤、挫伤占首位，骨折占第二位。

2. 体格、体力、技能

体重重的运动员比体重轻的运动员更容易受到运动损伤，这是因为他们体内脂肪多，肌肉的发达度降低，身体的灵活性、耐久力相对变差。故而在抵御造成创伤的能力上，体重重的运动员处于不利的地位。屈肌群与伸肌群的肌肉力量之比也是一个很重要的因素，例如，膝的屈肌、伸肌肌力比不平衡，大腿后肌群容易发生肌肉撕裂伤。对于技术不熟练的运动员，如初学跆拳道腿法技术的运动员，由于训练不当，膝关节周围韧带容易损伤。在实战或条件实战中容易造成肌肉、关节的扭伤、挫伤。

（二）环境因素

自然环境最具有代表性的影响因素是季节，包括气候、温度、湿度等。学者在分析下肢和足部运动损伤时发现，肌肉损伤频发于4月、5月、6月，这可能是亚洲地区的梅雨季节湿度增大、日气温差较大等因素所致。

人工环境的影响因素包括运动员使用的器械质量低劣、护具破损、训练场地不标准以及运动员故意犯规等，这些都会造成运动损伤。此外，运动员的服装不适合，如鞋子过小，也常会造成踝关节扭伤；场地情况恶劣，如杂草丛生、凹凸不平、有金属钉或石块等，这些都可能造成运动损伤。

（三）自我保护措施不当

初学跆拳道的运动员对于运动方面的知识了解不多，没有预防运动损伤的经验，也没有在损伤后及时处理的经验。

（四）状态不佳

身体机能下降和不良的心理状态，都会使力量和协调能力下降，甚至会出现较多的错误动作。

（五）注意力分散

注意力分散，易造成运动损伤的发生。

（六）局部负荷过重

如果某块肌肉过度使用，造成肌肉的疲劳，易引起运动损伤。

（七）体质较差

运动员身体素质差，训练水平不高，力量、柔韧、协调性跟不上，在训练过程中因技术动作变形而导致动作错误或变形，易引发运动损伤。

（八）动作不规范

技术动作不正确或动作不协调，易出现运动损伤。

（九）对抗性较强

对抗性强易造成损伤。跆拳道的特点是具有极强的对抗性，在运动员进行实战对抗的过程中，不可避免地会出现一些软组织挫伤、扭伤等。

三、运动损伤紧急处理

（一）擦伤

擦伤是指皮肤的表皮受到刮擦或摩擦而受损的情况，通常是由于外界物体与皮肤表面摩擦产生的，比如摔倒、摩擦、擦伤等。对于擦伤较浅的情况，可以直接涂抹红药水。红药水具有消炎止血、促进伤口愈合的作用，适用于轻度的擦伤伤口。对于擦伤创面较脏或有渗血的情况，建议先用生理盐水进行清洗。生理盐水是一种温和的清洁液，可以有效清洁伤口并帮助减轻炎症。清洗后再涂抹红药水或紫药水，可以起到消炎杀菌、促进伤口愈合的作用。

（二）肌肉拉伤

肌肉拉伤是指肌肉纤维受到过度牵拉或撕裂而引起的损伤，通常是由于运动时肌肉受到不恰当的力量作用或运动前热身不足引起的。当肌肉拉伤发生时，根据疼痛的程度可以初步判断受伤的轻重。一般来说，疼痛越剧烈，意味着损伤越严重。对于肌肉拉伤，及时的冷敷和休息是关键。同时，避免搓揉和热敷，以免加重伤势。在恢复期间，要遵循医生的建议进行适当的康复锻炼，以促进肌肉的恢复和体能的恢复。

（三）挫伤

挫伤是一种常见的组织损伤，通常是由于身体局部受到钝器打击引起的。这种损伤的处理方法因伤势的轻重而有所不同，但及时的初步处理和正确的后续治疗对于伤者的恢复至关重要。对于轻度挫伤，可以采取简单的冷敷和理疗；对于复杂、严重的挫伤，则需要更为专业和及时的医疗处理。在任何情况下，如果伤者出现严重的症状或伤势不明，都应尽快就医。

（四）扭伤

扭伤是一种常见的损伤，主要是由于关节部位突然过猛扭转，导致附在关节外面的韧带或肌腱受到过度拉伸或撕裂而形成的。扭伤后，受伤部位通常会出现疼痛、肿胀、活动受限等症状。在严重的情况下，还可能出现韧带完全撕裂或关节脱位等后果。因此，一旦发生扭伤，应立即停止活动，避免加重损伤。

（五）膝关节急性损伤

侧副韧带损伤处理方法：轻微的侧副韧带损伤，疼痛较轻，肿胀不明显，无关节屈伸障碍时，将受伤膝关节置于微屈曲位，停止活动 2～3 天，外敷活血止痛中药。3 天后开始步行锻炼，并配以药物进行按摩治疗。按摩时由膝关节患处的远心端向近心端进行。

严重的侧副韧带损伤或断裂者，受伤膝关节明显肿胀，患膝成半屈曲位，伸屈功能受限制，并且膝关节疼痛剧烈。这种情况应立即进行加压包扎，再送专科医院进行治疗。

十字韧带和半月板的损伤预防方法：提高运动员的专项技术和动作水平，避免训练中下肢过度疲劳；加强股四头肌及小腿三头肌与腘绳肌的肌力训练，增强关节稳定性、保持灵活；训练时注意力要集中，实战时要遵守比赛规则；避免因犯规造成损伤。

（六）急性腰扭伤

处理方法：发生急性腰部扭伤时，一般应卧床休息，仰卧于有垫子的木板床，在腰部垫一个薄枕，以便放松腰肌，也可与俯卧位相交替，避免受伤组织受牵扯，以利于机体自行修复。轻度扭伤者休息 2～3 天，较重者应立即送医院进行治疗。

（七）急性软组织损伤的处理

第一，早期。早期指伤后 24～48 小时，组织出血和局部急性炎症期。这个时期的处理原则主要是适当制动、止血、消肿、镇痛和减轻炎症。处理方法：伤后即刻冷敷，加压包扎，抬高伤肢，适当制动。加压包扎就是用适当厚度的棉花或海绵放于伤部，然后用绷带稍加压力进行包扎。加压包扎时一般先冷敷，后加压包扎，但也可两者同时并用。加压包扎 24 小时后即可拆除，再根据伤情做二次处理。如外敷中药等。

第二，中期。中期指受伤 48 小时后，出血已停止，急性炎症逐渐消退，但伤部仍有瘀血和肿胀，肉芽组织正在形成，组织正在修复。处理原则主要是改善伤部的血液和淋巴循环，促进组织代谢，促进瘀血与渗出液的吸收，加速再生修复。处理方法：可采用热敷、按摩、拔罐、药物治疗，同时应根据伤情进行适当的康复功能锻炼，以保持机体神经及肌肉的紧张度，维持已经建立起来的条件反射，以及各个器官与系统的反向联系。

第三，后期。这一阶段，损伤基本自动修复，肿胀、压痛等局部征象已基本消失，但功能尚未完全恢复，锻炼时仍感疼痛、酸软无力等。损伤严重者，由于粘连或疤痕收缩，出现伤部僵硬、活动受限等情况。此时的处理原则是增强和恢复肌肉、关节的功能。如有疤痕硬结和粘连，应设法使之软化、松解。处理方法：以按摩、理疗、功能锻炼为主，适当配以药物治疗。

（八）关节扭伤

踝关节、膝关节、腕关节扭伤时，将扭伤部位垫高，先冷敷 2～3 天后再热敷。如扭伤部位肿胀、皮肤青紫和疼痛，可参照“肌肉拉伤”的处理。

（九）脱臼

处理方法：发生关节脱臼时，在没有医生在场的情况下或不会整复技术时，不可随意乱动，以免加重关节周围的损伤。此时应立即用夹板和绷带在脱臼所形成的姿势下固定伤肢，保持伤者安静，尽快送医院处理。

（十）骨折

闭合性骨折和开放性骨折是常见的骨折类型。对于骨折的处理，需要根据不同类型的骨折采取不同的方法。在处理过程中要遵循专业原则，保持冷静和耐心，避免加重伤势或引起并发症。同时，也要及时寻求专业医疗人员的帮助和指导，以确保伤者得到及时而有效的治疗。

（十一）休克

处理方法：让伤者安静平卧休息，并给予精神安慰，最好不要采取头低脚高位休息，因为这样会使颅内压增高、静脉回流受阻，造成呼吸困难，加重缺氧。另外，冬天应注意保暖，夏天应注意防暑，神志清醒、无消化道损伤者，可适当饮用糖水，保持呼吸道畅通。昏迷者将头侧偏，用重手法点掐人中、合谷、内关等穴或嗅氨水催醒。有损伤疼痛者，应止痛镇静，并进行必要的包扎、固定、止血后送医院进行治疗。

四、运动损伤的预防

除了对每类运动损伤进行预防外，要尽量注意前述的各种损伤因素，设法减轻它们的危害性。

（一）建立良好的安全环境

跆拳道训练时的器具、设备、场地等周围环境，在训练和比赛前都应进行严格的安全检查。在高低不平的软垫上训练容易发生踝关节的扭伤；运动员护具的大小应该适合运动员的身材体型；为防止损伤，女运动员的项链、耳环等锐利物品在训练时都不准佩戴。运动鞋应根据脚的大小和足弓的高低进行选择，通常要求平底，鞋底有一定厚度和柔软性。光脚训练时应在垫子的保护下进行，或在确认场地内无尖锐的玻璃、金属、钉类等物品的前提下进行。

防护器具主要保护的部位包括头颅、耳、颈部、肾区、两肋、胸部、裆部等，也包括肌肉少的关节、大腿前部、牙齿等部位，还有容易受到冲撞和打击的部位。同时，运动员在训练时应该养成使用护具的习惯。

（二）预防措施

首先，要重视准备活动的重要性，确保准备活动的科学进行。要确保准备活动的科学进行，不但要注意合理安排准备活动的量，根据跆拳道运动的专项特点和所要进行的训练来组织相应的活动内容，还要根据运动员的个体差异以及气候条件等进行灵活调整。其次，要注意遵循全面训练的基本原则，科学安排教学训练和比赛工作。也就是说，要根据运动员的年龄、性别、现有水平以及健康状况等实际情况，合理地安排运动量和运动间隔，避免出现局部负荷过大的问题，而且要通过全面的训练来提升运动员的身体素质水平，以此来减少运动损伤。最后，要注意引导运动员充分认识到预防运动损伤的意义，在日常的训练比赛中，有意识地培养运动员自我保护意识，以此来避免运动损伤事故的出现。另外，还要注意加强医务监督、注意排除场地器材的安全隐患、注意护具的正确使用等，从多个方面入手，降低运动损伤出现的概率。

第三节　训练过程的科学监控

跆拳道训练是一个有机统一的完整过程，其特点是连续不间断，具有很强的阶段性。在训练过程中，跆拳道运动员的竞技水平也在不断变化着，其训练水平的保持是相对的，训练状态的变化是必然的。

跆拳道训练过程的监控是指在科学化训练的指导下，把运动员的训练与比赛放在一个最佳状态的系统中，使运动员的竞技能力向着发展与提高的方向不断产生适应性变化，最终促使运动员取得最佳运动成绩。最佳定向控制运动员训练与比赛的状态变化，是跆拳道训练过程监控的实质。

一、跆拳道运动员身体机能监控

在科学安排训练的过程中，运动员的身体机能状况是一项重要的影响因素。在运动过程中，运动员机体在生理活动与代谢过程两个方面也会出现相应的变化。测定与比较运动员的生理指标和生化指标，能给训练过程的科学监控提供客观依据。

在跆拳道训练过程中，要想有效反映运动员的身体机能水平，需要在机能状态的监督过程中，使用几项较为简单和敏感的指标与测验方法。

（一）心率

在身体机能监控的指标中，心率是最为简便的指标。在运动员身体状况大体不变的情况下，运动负荷相同，运动员的心率也较为稳定。一般情况下，在对跆拳道运动员进行监督的过程中，安静心率、承担定量负荷时的心率以及最大心率指标是常用的测定指标。

如果在特定时期的训练过程中，运动员的安静心率下降，则在一定程度上反映出运动员心血管功能水平提高和机能节省化；如果在前后一段时间的训练比较中，承担定量负荷时的运动心率出现减少趋势，则表明运动员的机体工作能力有所提高，反之则表明运动员的机体工作能力有所下降；如果跆拳道运动员在承担极限负荷时，最大心率有增长趋势，则表明运动员的心功能水平有所提高；如果运动员承担的运动负荷强度越大，最大心率越高，停止运动负荷后心率下降越快，则表明运动员的心脏最高机能水平与机体快速恢复能力越强。

最大吸氧量可以对跆拳道运动员承受大负荷时的有氧能力加以评价，此外也能对运动员最大限度使用氧的速度进行客观反映。跆拳道运动员最大吸氧量的水平越高，其在完成定量工作时有氧供能的成分就越多，所以，最大吸氧量通常被当作对跆拳道运动员耐力水平与机能状态加以评定的重要指标。

（二）血乳酸

血乳酸能反映骨骼肌代谢能力与合理安排有效负荷量，也是进行机能诊断的最实用指标。在运动员的 ATP—CP、糖酵解以及糖原有氧供能能力方面，跆拳道项目有着很高的要求。跆拳道项目对运动员提高机体耐乳酸能力的训练也有着较高的要求。血乳酸是跆拳道运动员在比赛中保证体能和维持技战术动作不变形的有力保障。

在对有氧能力进行评定时，可以通过多级负荷试验与两点法绘制血乳酸强度曲线，然后比较前后的训练。如果强度曲线向右移动，则表明在相同血乳酸值时能达到更高强度，表明跆拳道运动员的有氧能力有所改善；如果强度曲线向左移动，则表明跆拳道运动员的有氧能力有所减退。

在对无氧能力进行评定时，可以进行一定强度的练习，促使运动员的血乳酸值尽量达到最大值。跆拳道运动员的血乳酸值越高，则表明运动员的机体无氧糖酵解和机体耐乳酸能力越强。一般认为，耐乳酸能力的训练要维持血乳酸水平在 12 毫摩尔 / 升以上。

训练课之后，跆拳道运动员的血乳酸水平在 8 毫摩尔 / 升为宜，在比赛结束后，血乳酸水平可能高达 10 毫摩尔 / 升以上，据此可以对赛前训练是否达到比赛强度加以监控。从训练课次日早晨开始，血乳酸水平在4～7毫摩尔/升的跆拳道运动员，说明机体恢复状况良好；血乳酸水平达到6～8毫摩尔/升的优秀运动员，则表明机体恢复状况较好。

（三）血尿素氮

跆拳道运动员的蛋白质代谢，受大强度训练或者比赛的影响较大。以跆拳道运动员在训练前后或者比赛前后的血尿素氮变化为依据，可以客观评价出训练比赛的负荷强度。负荷越大或者跆拳道运动员的机体适应能力越差，跆拳道运动员的血尿素氮水平上升越明显，其恢复速度越慢。如果运动员在训练结束后，血尿素氮增幅小且恢复速度快，意味着其身体对训练负荷有较好的适应能力。相反，如果运动员的血尿素氮增幅大且恢复速度慢，意味着其身体对训练负荷的适应能力较弱。

（四）血红蛋白

血红蛋白是进行机能监控的一项重要指标，可以有效反映跆拳道运动员的血液供氧能力。当跆拳道运动员的营养状况处于良好时，其血红蛋白的变化主要与运动量变化有关，与运动强度之间的关系不明显。

一般情况下，在训练周期的开始阶段，运动员的血红蛋白水平会呈现出下降趋势，伴随着机体对训练的逐步适应，血红蛋白水平也会随之回升。如果跆拳道运动员的营养状况处在良好状态，其血红蛋白水平不断下降或者很长时间没有回升，则表明运动员的机体对训练不适应，训练的运动量过大。

（五）血清肌酸激酶

血清肌酸激酶的活性变化有三方面的作用：第一，可以对肌肉训练刺激的程度加以评价；第二，可以了解运动员骨骼肌的微细损伤；第三，可以了解肌肉对训练的适应情况和恢复情况。

跆拳道属于格斗性质的项目。运动员在参与跆拳道训练时，对其肌肉刺激较为显著，当训练强度提高时，跆拳道运动员的血清肌酸激酶活性也会明显提高。运动员在素质训练、实战训练之后，血清肌酸激酶会比安静值提高3～4倍；在赛前调整期，跆拳道运动员的血清肌酸激酶的活性则会与安静值接近。长期监控血清肌酸激酶的活性变化，能对跆拳道运动员的肌肉疲劳情况进行有效控制，进而调整为适宜的训练强度，有效避免跆拳道运动员出现肌肉受伤的情况。

（六）血清睾酮与皮质醇

在监控某个训练周期的训练状况时，一般会同时测试血清睾酮与皮质醇，并且计算出 T/C 值，进而对运动员的疲劳及恢复状况、过度训练与阶段训练效果加以监测。倘若跆拳道运动员的血清 T/C 值不变或提高，则说明其机体分解代谢没有超过合成代谢，运动员的机能处于正常状态；当跆拳道运动员的身体机能处在良好状况时，其血清睾酮水平会升高，同时体能也会随之增强；当跆拳道运动员处于疲劳状态、过度训练状态或者机能状态不佳时，其血清睾酮水平会有所降低。

二、跆拳道训练过程运动负荷的监控

运动员机体受到运动负荷的刺激后，会出现一定的变化。当机体受到的负荷刺激适宜时，能产生适应性变化；如果没有合理安排运动负荷，即便训练目的明确、训练手段正确，也很难实现预期的训练目标，有时可能会造成运动员的竞技能力出现下降。由此可知，监控跆拳道运动员在训练过程中的运动负荷是十分必要的。

运动负荷属于一个因素多、层次多的结构。为更好地监控跆拳道运动员的训练过程，以运动负荷的性质为依据，可以将其划分成训练负荷与比赛负荷。训练负荷与比赛负荷的监控情况，在很大程度上影响着跆拳道训练过程的组织效果与实施效果。

（一）训练负荷的监控

在跆拳道训练过程中，运动员需要完成的练习量就是训练负荷。为了使实际操作更加方便，可以采用一些负荷特征的具体参数来监控训练负荷。具体参数包括训练总量、训练天数以及训练总课次，通常训练天数以训练总时数（以小时计）表示。

据此，能细分出一些更加具体的负荷参数，具体如下：

一是技术训练的时数、战术训练的时数、体能训练的时数。

二是无氧练习、有氧练习、力量练习的时数等。

三是技术、战术、体能训练占总训练量的比例。

四是无氧练习、有氧练习和力量练习占体能训练总量的比例等。

五是不同训练作用方向的训练课次数。

六是大、中、小负荷量的训练课次数等。

（二）比赛负荷的监控

在运动员战术意识的培养、技战术运用能力的提高、训练强度的提高以及最佳竞技状态的形成上，比赛活动扮演着极为重要的角色。需要说明的是，倘若比赛安排不合理，则常常会让运动员产生过度疲劳的情况，并出现运动伤病、使最佳竞技状态过早形成或者过晚形成。

在监控比赛负荷时，一般是调整、监督和控制跆拳道训练过程的比赛性活动，其监控指标具体如下：

一是各年度比赛的总次数。

二是年度训练大周期中主要和次要比赛的次数。

三是各阶段训练中小型比赛和教学比赛的次数。

训练负荷指标与比赛负荷指标，能清晰反映出小、中、大周期乃至多年训练过程的负荷特征，在系统性训练过程中对二者进行纵向比较与横向比较，进而找到与跆拳道运动员个体特征相吻合的比赛负荷安排，并在此基础上推动跆拳道训练向着科学化方向发展。

（三）调控运动负荷动态的具体方式

跆拳道运动员竞技状态的发展变化，受运动负荷动态变化的直接影响。在训练负荷与比赛负荷的刺激下，运动员的机体也会随之产生适应性变化，变化程度和负荷大小成正比关系。在跆拳道运动员的多年训练过程和全年训练过程中，其负荷动态变化的基本趋势是，在跆拳道训练中逐步提高负荷直到跆拳道运动员所能承受的最大限度。

但是，跆拳道运动员机体适应与恢复机制会对运动负荷的渐进与持续产生制约作用，在任何训练阶段均直线提高是不可能发生的。因此，在跆拳道训练过程负荷提高的基本趋势中，并不排除各个训练时期会有各种动态变化。要想对负荷动态实现科学化监控，必须在一定周期的训练过程中，对负荷量与强度的协调变化进行科学化安排。负荷量与负荷强度主要有以下四种变化形式：

1. 同升同降

“同升”是指负荷量与强度同时增加，其大多体现在大负荷训练中；“同降”是指负荷量与强度同时下降，总负荷下降成小负荷，其大多体现在调整性训练与过渡性、休整性训练中。

2. 一升一降

一升一降具体是指“上强度减量”或“上量降强度”。“上强度减量”大多体现在比赛期训练与技术训练，“上量降强度”大多用在过渡期训练与耐力性训练，前者与后者的总体负荷都是中等。

3. 一升（降）一稳

“加量、稳定强度”大多体现在准备期的第一个阶段，即用于巩固身体训练、技术训练以及战术训练中，其总体负荷是中、大负荷；“减量、稳定强度”大多用在赛前训练、技术训练和战术训练，其总体负荷是中、小负荷；“加强度、稳定量”，大多用在准备期第二阶段和比赛期的训练以及技术、战术训练，其总体负荷是中、大负荷。“减强度、稳定量”大多用在比赛间的过渡阶段和休整期的训练以及改进技术、战术水平的训练，其总体负荷是中、小负荷。

4. 质量和强度相对稳定

在特定训练时期内，负荷量与强度保持在特定水平上，其整体负荷是中等负荷，多数情况下用来对已经掌握的体能训练水平进行巩固。

负荷量和强度动态变化的协调组合的四种形式，对调节与控制跆拳道训练的负荷动态都有着十分重要的指导作用。

需要重点说明的是，跆拳道训练负荷的提高应当是在机体对原负荷的不适应反应消失之后、运动能力与机体机能得以提高和机体恢复较充分的条件下进行。通常运动负荷的提高，大多是提高负荷强度，同时降低负荷量，然后保持负荷强度并增加负荷量，维持一定的时间，促使机体适应并巩固。与此同时，除了要注意负荷量与强度动态变化的协调组织外，还需要对练习密度予以重视。练习密度不但对机体在训练过程中的恢复程度有影响，而且与重复练习的强度是否保持机体机能变化的高度也有着紧密联系。要保持适宜的练习密度，密度过大或者过小均会对训练任务的完成造成阻碍。在跆拳道训练过程中，确定某种练习的密度之后，通常不会进行大的变动，而是通过练习数量来调整运动负荷的大小。

三、跆拳道运动员身体素质监控

在跆拳道训练中，体能训练占据重要地位。跆拳道体能训练紧紧围绕提高跆拳道运动员的力量素质（基础力量、爆发力、力量耐力）、速度素质（反应速度、动作速度、组合动作频率）、耐力素质和柔韧素质。

通过监控跆拳道运动员的身体训练发展水平，能清晰地了解运动员的身体训练程度，为制订与实施训练计划提供重要依据，从而对训练科学化程度的提高发挥积极影响。训练计划的要求以及事先预定的身体训练水平检测指标是监控跆拳道运动员身体训练程度的主要依据。换言之，就是把运动素质测评与身体机能状态测评有机结合，利用各种专项测验和非专项测验，对跆拳道运动员在特定训练阶段的运动素质与机能状况进行客观定量评价，进而使其与特定训练阶段的目的相一致，与跆拳道运动员的专项成绩水平相适应。

测验和评定跆拳道运动员的运动素质与机能状态之后，能清晰地了解运动员运动素质和机能水平及其与跆拳道竞技能力之间的内在关系，进而对训练过程中身体训练的综合发展水平进行正确评价，使跆拳道运动员的运动素质与机能发展处于均衡状态，同时促使跆拳道运动员的身体训练水平与技术、战术训练水平相适应。通过对跆拳道运动员所运用的训练方式进行科学评价，最终建立适宜跆拳道运动员身体训练的模型。

（一）力量素质发展水平的监控

1. 生物力学测量手段的测验

在条件允许的情况下，监控跆拳道运动员的最大力量、速度力量以及力量耐力时，可以运用等动测力系统，将比赛动作或者接近比赛动作过程紧密结合，进而对肩、肘、髋、膝等关节肌群的最大肌力、速度力量和力量耐力进行测定，随后对训练过程前后阶段的变化情况展开比较与综合评价。这种测验方式的优势是准确性高，劣势是在经济条件的制约下无法经常采用。

2. 简易测量手段的测验

在跆拳道训练过程中，测定力量素质的常见手段包括以下几种：

一是采用卧推杠铃和负重半蹲、全蹲的方式分别测定上肢最大力量和下肢最大力量。

二是采用持杠铃快速前平推 5 秒钟和立定跳远、纵跳摸高三个方式测定上肢和下肢的速度力量。

三是采用定时间、定组数、定方法的模式进行速度性击打沙包，计算单位时间内完成动作的数量，利用动作速度下降的曲线评价耐力水平。

（二）速度素质发展水平的监控

在跆拳道运动的训练与比赛中，运动员速度素质表现形式的集中体现包括反应速度、完成单个动作的速度、组合动作频率和完成系列对抗动作的综合速度能力。监控速度发展水平时，可以采用直接方式或者间接方式、专项方式或者非专项方式来测量与评价。

1. 反应时测验

（1）单反应时测验：利用反应计时器，针对运动员对规定动作做出应答反应的快慢进行测定。

（2）选择反应时测验：利用比赛场面实况录像的停格技术，指导运动员判断录像所显示的比赛情况，并在最短时间内按动相应按钮。根据跆拳道运动员的应答情况，对运动员根据某种情况选择采取某种合理战术决策与行动的应答速度加以判断。

2. 单个动作速度测验

（1）利用测力台对跆拳道运动员的单个动作进行测试，进而检测其完成单个动作的速度能力。

（2）计算跆拳道运动员在 5 秒钟内完成腿法中某个动作的具体数量，进而对运动员完成单个动作的速度能力加以检测。

3. 组合动作速度测验

（1）测试跆拳道运动员10～20秒腿法击打沙包的次数，进而测验运动员完成组合动作的速度能力。

（2）采用5秒内完成俯卧撑推手击掌的练习和30米加速跑，进而对跆拳道运动员伸肘的速度能力和伸膝的速度能力进行间接反映。

通常情况下，在测试跆拳道运动员的速度素质时，需要排除速度耐力因素对测试结果造成的影响。

（三）耐力素质发展水平的监控

跆拳道运动员的耐力素质可以根据不同划分标准，划分出多种类型。以参与活动的器官系统为依据，可将其划分为肌肉耐力与心血管耐力水平；以能量代谢的特征为依据，可将其划分为有氧耐力能力与无氧耐力能力；以肌肉参与活动的部位为依据，可将其划分为盆带肌肉耐力、下肢肌肉耐力以及全身肌肉耐力；以耐力素质和专项之间的关系为依据，可将其划分为一般耐力水平与专项耐力水平。

1. 实验室条件测验

（1）自行车功率测试：在自行车功率计上，对跆拳道运动员的最大吸氧量进行测验，据此对其训练过程中的有氧能力变化加以评价。

（2）台阶测验：利用台阶测验的结果，对训练过程前后两个阶段的变化情况加以对照，据此对跆拳道运动员的心血管功能水平进行分析与评价。

因为负荷量度能被严格控制，所以在实验室进行的耐力测试的结果可信度较高。

2. 常规手段测验

（1）3000米跑：一般情况下，3000米跑测验能测试与评价出跆拳道运动员的一般耐力训练水平和发展水平。

（2）击打沙包测试：在对跆拳道运动员的专项耐力发展水平进行监控时，可以采用以最大强度的腿法，练习击打沙包3组，每组1分钟，每组间歇20～30秒，分别计算出3个1分钟击打沙包的平均每秒击打次数。然后用10秒钟击打沙包的平均每秒击打次数与 3 个 1 分钟击打沙包的平均每秒击打次数的比值进行评价，两者的差距越小越好。

在非实验条件下，耐力测验结果的可靠性和运动员主观努力之间有着紧密关系。

（四）柔韧素质发展水平的监控

腰腹、髋、踝关节是跆拳道运动员表现柔韧素质的主要部位。

1. 腰腹柔韧性测验

（1）俯卧背伸测验。

（2）坐位体前屈测验。

（3）立位体前屈测验。

2. 髋关节柔韧性测验

（1）两腿纵“劈叉”。

（2）两腿横“劈叉”。

3. 踝关节柔韧性测验

（1）踝关节正屈测验。

（2）踝关节背屈测验。

（五）运动素质的综合评价

通过运动素质测验，收集与训练相关的信息，然后把测验结果和相应标准加以比较，并且开展综合评价，进而对运动素质的训练与发展加以控制。在综合评价跆拳道运动员的运动素质时，应当做好以下三个方面的工作：

1. 筛选评价指标

对运动素质指标展开评价时，应该选取对专项成绩影响与作用最大的指标，该项指标的性质特征、结构特征和专项特征大体相同。第一步，提出初选指标；第二步，开展专家调查，对初选指标进行经验筛选；第三步，对通过经验筛选的指标开展实际测试，获取基本数据；第四步，采用统计方法确定评价指标。

2. 建立评分量表

首先，抽取特定的样本数量，测试已经确定的评价指标，获取建立评分量表所需的原始数据；其次，进行指标的正态检验，计算出各指标的平均数和标准差；最后，采用标准化量表或累进量表的形式，建立各指标的评分量表。

3. 制定评定标准和评定方法

依照评定内容，制定合理的评定标准与评定方法，科学评定跆拳道运动员的运动素质单项与综合发展水平、各项运动素质均衡发展程度、运动素质综合发展水平与专项成绩适应程度，进而找出跆拳道运动员在运动素质发展方面的欠缺部分，找出跆拳道运动员当前状态与发展目标之间的距离，判断运动素质发展水平和专项成绩水平的适应程度，从而对跆拳道训练过程实施更好的监督与控制。

四、跆拳道运动员技术训练监控

在跆拳道训练中加强对技术训练水平的监控，可以使教练员及时获悉运动员掌握技术的程度和技术训练的效果，从而更好地把控训练过程。

（一）对跆拳道技击技能形成过程的监控

跆拳道技击技能的形成与发展是一个经历基本技术训练阶段、自我设计阶段和以对手为中心的应变阶段训练的渐进、连续过程。对运动员技术训练程度的监督，应根据不同阶段的特点而有所侧重。

1. 基本技术训练阶段

基本技术训练阶段的任务，主要是学习和掌握基本技术。由于运动员的抑制能力相对较弱，在完成动作的过程中肌肉较紧张、不协调，常有多余动作出现。此阶段技术训练监督的重点应该放在运动员掌握动作的规格要求、动作的路线、用力的顺序和攻防用法等方面。当发现问题时，应根据运动员完成动作的外部形态和运动员的主观感觉，分析原因，及时提出练习要求，帮助运动员正确、熟练地掌握动作并达到规范化。

2. 自我设计阶段

在自我设计阶段，运动员已经能较熟练地掌握单个技术动作、单个动作配合运用和使用的技巧和方法，但在及时做出反应动作并掌握动作应用的时机方面有时存在不足。由于运用动作的时机把握不好，所以在动作完成的细节上存在缺陷，不尽如人意。此阶段的监督重点是技术动作的完成质量和实际运用效果。就目前跆拳道训练而言，此阶段的监督还不能准确地提供运动学和动力学的参数，但可通过现场录像，反复再现运动员在基本技术练习过程中的技术动作，并与优秀运动员的技术动作进行比较，加深运动员对掌握动作的使用时机、方位、距离的认识，并结合自身的特点，设计和形成符合个人身体条件、身体素质的技术动作。

3. 以对手为中心的应变阶段

以对手为中心的应变阶段训练的实质是技术动作在比赛中的实际运用。此阶段完成技术动作的训练目的是击中或击倒对手，让自己有效得分或制胜。尽可能防止对方得分。然而，比赛中的情况千变万化，战机稍纵即逝，赛场上的各种因素都会影响运动员技术动作的运用。尤其是对手在比赛中竞技能力的具体表现，更决定了运动员必须审时度势，根据对手的情况，随机应变地运用各种技术动作。要想在比赛的复杂情况下灵活自如地应用技术动作，必须通过反复实战，培养和增强运动员比赛的场上意识，不断体验、总结和提高以对手为中心的技术应变能力。

此阶段的监督任务主要是在激烈的实战对抗中检查技术动作的实用性与合理性。对于初级和中级运动员，重点监督技术动作运用的正确性与合理性；对于高水平的运动员而言，讲究和追求的是动作的效果，在规则允许的范围内，不论动作规范与否，得分或制胜是最重要的。因此，监督的重点是实战中技术、战术动作的击中率和实效性。

（二）跆拳道运动员技术训练的监督方法

1. 经验诊断

富有经验的跆拳道教练员对技术训练具有敏锐的观察力。凭借多年训练的经验模式和直觉，根据运动员完成动作的外部形态，能够较准确地诊断技术动作的质量，并运用术语提示练习要求，引导运动员向正确的技术动作转化。

2. 联合诊断

采用录像技术手段，现场获取运动员完成技术动作的图像，由科研人员解析，取得动作的运动学参数，并进行定量分析。在量化分析的基础上，与教练员的经验诊断相结合，为动作的改进提供定性和定量的意见。

3. 数据统计与评价

临场技术训练控制应紧扣技术训练课任务的完成情况，评价运动员在某次训练或比赛中的技术表现。监测的重点应放在运动员完成技术动作练习的规格要求上，若发现技术问题，应根据技术动作的外显形式和运动员的主观感觉，分析原因，及时提示练习要求，帮助运动员正确地演练技术动作，并达到规范的要求。

在技术训练的小周期控制中，每天的连续性训练必然会引起某个技术因素或环节的变化。因此，评价应与本周期技术训练的任务及上一个小周期技术训练的情况联系起来，监督动作技术的发展趋势。对于每个运动员，最好每个周期都有技术动作录像，以便反复观察和分析比较技术的改进，以及评价运动员技术水平的长期发展。

在阶段性的技术训练过程中，应记录各种积累而引起的一系列变化，包括在训练过程中学习和掌握的程度，在干扰因素下（疲劳、对手等）技术的稳定性，在比赛中反映出来的技术动作的运用能力等，全面评价运动员技术训练中的接受能力和适应能力、技术环节和细节的改进、技术的改进与运动成绩增长的关系等。

五、跆拳道运动员战术训练过程监控

（一）跆拳道战术训练过程监控

跆拳道战术涉及对对手情况的全面分析和灵活的应对策略。在跆拳道比赛中，运动员不仅需要具备出色的技术和身体素质，还需要在战术上有所准备和计划。跆拳道比赛中的战术应用是一个动态的过程，需要结合对手的特点、自身的特长和比赛实际情况，灵活运用各种技术和战术手段，以期在比赛中取得胜利。

跆拳道战术训练监控主要是针对运动员战术意识、战术理论知识和战术行动的形成与发展过程进行监督和评价。

战术意识是跆拳道比赛中较为重要的一项基本素质，它不仅是技术的应用，更是智慧和洞察力的体现。具有高水平战术意识的运动员，能在比赛中灵活应对各种情况，做出最佳的决策，以获取优势并最终取得胜利。运动员拥有强大的战术意识能力可以为其带来诸多优势。他们能更快速地领悟和掌握各种战术，因为他们能准确地理解战术的要领和实施方法。这意味着他们可以在比赛中更灵活地应用各种战术，以应对对手的不同情况和策略，场上比赛战术的运用也更加灵活、更有针对性。

战术理论知识包括跆拳道战术指导思想，运用战术的原则，各种攻防战术的形式、套路和这些战术的优缺点，战术的发展、演变和今后的发展趋势，对付各种战术的策略及有效的方法手段，运用各种战术的前提条件，规则对战术的限制与要求等方面。

战术行动包括跆拳道战术数量、战术质量、战术实施方式、战术效果。战术数量是指运动员所掌握的战术步骤和方案数目。战术质量表现在战术的全面性、熟练性、先进性和创新性上。战术实施方式是战术应用的具体形式，跆拳道运动员在比赛中会遇到各种各样的对手，即使面对的是相同对手，也会因场上比赛过程的变化而使用多种战术。因此，优秀的跆拳道运动员，必须把符合自己特点、形成得分绝招的战术作为重点，演变为多种战术应用的变化形式，使其提高场上应变能力，实施有效的战术动作组合，争取比赛的主动权。战术效果主要是指某个战术运用与该战术最佳方案的吻合程度，评价该战术的运用能否达到既定的效果。

（二）跆拳道战术训练监控的重点环节

跆拳道战术训练的重点环节：确定战术思想，掌握基本战术，增强战术意识，保证战术质量。确定战术思想是跆拳道战术训练的首要环节。必须明确战术思想，把思想和行动统一到战术训练的总目标上，使战术训练具有强烈的目的性。

掌握基本战术是战术训练的基本环节。打好基本战术的基础，奠定扎实的战术功底，为以后的战术组合、配套战术及形成个人战术体系，创造良好的发展条件。

增强战术意识是战术训练的中心环节。战术意识的外部表现特征包括技术的目的性、行动的预见性、判断的准确性、动作的及时性。要想把握场上比赛的主动权，必须准确地预见比赛的发展，预见对手的行动。在比赛过程中始终保持战术思维的清醒性、正确性和及时性，使战术行动符合预定的战术方案，并随机应变，瞬间决定新的战术行动。

保证战术行动质量是战术训练的关键环节。跆拳道战术行动包括进攻、防守、反击、复合进攻、复合反击。战术行动质量的监控主要围绕三个方面进行：一是战术行动的预见性、及时性、正确性和针对性；二是战术方案的灵活性、应变性、创造性；三是战术实施方式的欺骗性。

（三）跆拳道战术训练监控的方法

1. 观察法

现场观察运动员的战术能力，根据技术的目的性、行动的预见性、判断的准确性、动作时机的及时性，评价其战术意识的表现；根据完成动作的及时性、准确性、针对性、预见性、应变性、创造性，评价其战术行动的质量。

2. 临场统计

通过实地观察和录像观察，对比赛过程第一局、第二局、第三局的得分、警告、扣分等技术、战术动作的使用情况分别进行统计，了解战术应用的情况、得分的效果及失分的情况，以利于完善个人战术体系，合理运用战术，充分发挥自己特长，限制对手特长。

3. 心理测定法

跆拳道运动员战术活动的心智能力（如表象能力、动手能力和思维能力等）与战术能力有着紧密的联系，在比赛过程中战术意识总是与战术行动结合在一起，往往是在瞬间就要完成几套战术行动方案的筛选，并做出最佳战术行动的选择，其过程具有及时性、准确性、敏捷性、灵活性和创造性的特点。通过心理测试，可以检查和评价运动员战术思维能力。

4. 询问法

询问法是一种使用有效且灵活的方式了解运动员的战术意识和战术理论水平的方法。通过口头或问卷的形式，教练或研究人员能直接与运动员沟通，深入探究他们的思维方式和理解能力。在口头提问的形式中，教练可以根据运动员的回答进行反馈和探讨，有助于运动员纠正错误观念，深化对战术的理解。

这种互动式的交流方式能激发运动员的积极性，促进他们主动学习和探索。问卷方式则更加系统化和标准化，能覆盖更广泛的内容，并且方便对多个运动员进行比较和分析。问卷中的问答题可以考查运动员对战术的深入理解和分析能力；填空题可以检验运动员对战术细节的掌握情况；是非题和选择题能迅速了解运动员对战术的基本认知；图示解答题能直观地展示运动员对战术的应用和创新能力。

5. 仪器分析法

仪器分析法在跆拳道运动员的战术思维活动和比赛速记能力测评中的应用，体现了现代科技与体育训练的完美结合。这种测评方法不仅提高了训练的针对性和效率，也为运动员的个性化发展提供了有力支持。测评装置由录像机、投影机、计算机和键盘控制器组成，共同构成了一个完整的反应和记录系统。录像机负责播放比赛过程的不同场景。投影机将这些场景投射到屏幕上，供运动员观察和分析。计算机则作为核心处理单元，记录运动员的决策时间和判断错误的次数。键盘控制器是运动员与计算机之间的桥梁，运动员通过它快速做出判断并输入自己的战术决策。在测验过程中，运动员需要集中注意力，快速分析屏幕上的比赛场景，并做出相应的战术决策。这种训练方法不仅考验了运动员的战术思维能力，还锻炼了他们的反应速度和手眼协调能力。同时，计算机自动累计的决策时间和判断错误次数，为教练提供了客观、量化的评估依据，有助于更精确地了解运动员的训练状态和进步情况。通过仪器法测评，教练可以及时发现运动员在战术思维和比赛速记方面存在的问题和不足，进而制订有针对性的训练计划，帮助运动员改进和提高。通过与事先确定的标准选择进行比较，分析战术行动决策的正确性，相应地判断运动员战术思维的能力。

六、跆拳道运动员心理状态监控

跆拳道是激烈对抗的搏击运动项目，双方运动员在比赛中既是技术、战术、体能的较量，也是心理能力的较量。良好的心理素质，直接影响着运动员日常训练和场上对抗的能力。

对跆拳道运动员心理状态监控，就是对运动员在运动训练和比赛中的心理状态与行为进行诊断和监督，调整和调节运动员的心理状态，以发挥运动员的身心潜能，保证训练和比赛任务的完成。

（一）跆拳道运动员的心理表现

跆拳道是一种利用拳、脚、膝和肘进行攻击和防守的武术体育项目，是一项对抗性强的运动，不仅具有高度的竞技性，更蕴含着深厚的文化内涵和修身养性的价值。通过竞赛、品势和功力等多种运动形式，跆拳道为运动员提供了一个全面锻炼和提升自我的平台。跆拳道运动员在训练和比赛中的心理表现主要是情绪、信心和意志。

1. 情绪

情绪是运动员心理的具体反映。跆拳道运动员在训练和比赛中的情绪表现非常鲜明，良好的情绪使运动员激情高涨，不良的情绪则会使运动员消极、失望和悲观。情绪直接影响训练和比赛的结果，甚至影响运动员的运动生涯。

2. 信心

跆拳道比赛过程是“斗技、斗力、斗智、斗勇”的过程，高度的自信能充分调动一切有利的心理因素，做好思想上、精神上、体力上和技战术行动上的准备，使运动员处于积极、顽强的战斗状态，树立起必胜的信念。

3. 意志

意志是一种有目的的支配，为克服困难而达到既定目标的过程。顽强的意志能促使运动员不断学习新动作，挑战难度动作，不怕困难，不怕失败，不怕艰苦，坚定地完成训练任务和比赛任务。

（二）跆拳道运动员训练的心理状态监控

1. 日常训练的心理状态监控

（1）主要任务：监督和调节运动员训练的心理情绪，提高训练欲望，控制心理品质培养和形成过程。

（2）监控的内容：运动员训练的态度、训练欲望、训练过程心理品质的表现。

（3）主要监控方法：

①观察法：通过观察，发现部分运动员出现情绪低落，不愿意去训练的行为现象，即使这些运动员勉强到了训练场，也缺乏训练欲望，练习的兴奋性会降低，继而引发反应迟钝，动作失调，情绪烦躁的情况出现。

②调节方法：精神激励。运动员在日常训练过程中出现技战术动作不如意，甚至动作失败时，教练应以平和的态度，分析问题所在，开导和激励运动员。避免说一些运动员难以接受的刺激性语言，挫伤运动员训练的积极性，消除心理疲劳。采用转移注意力、训练内容、训练方式及放松训练等调节措施，消除精神疲劳，重温理想训练时的感觉和体验，唤起运动员对训练的兴趣和欲望。

2. 赛前训练的心理状态监控

（1）主要任务：通过合理的训练和调节，使运动员增强信心，坚定比赛意志，形成参加比赛的最佳心理状态。

（2）监控的内容：运动员在训练中所表现出来的自信程度，面对困难、面对训练艰苦所表现出来的顽强意志品质、训练情绪的稳定程度。

（3）主要监控方法：

①观察法：

A. 通过观察运动员赛前训练阶段情绪的变化，了解其情绪的稳定性。

B. 观察赛前训练中完成技战术动作时的成功率，判断运动员的自信程度。

C. 观察运动员在艰苦的赛前训练及实战训练中的表现，判断其顽强意志品质的形成与发展。

②调节方法：

A. 赛前模拟训练：模拟与对手、观众、场地、设备、照明、气候等方面相似的条件，让运动员产生对比赛环境的适应，调节心理状态，消除紧张情绪。

B. 强化技能训练：把注意力放在完成技战术动作的时机、有效性和实效性上，通过提高技战术动作的成功率，增强运动员运用和完成技战术动作的信心，从而树立比赛的自信心。

C. 培养和磨炼意志：严格训练，严格要求，在苦练中磨炼意志品质；安排与强劲对手的配对实战，培养敢打敢拼、勇敢顽强的意志品质。

D. 自我调节：采用富有节律的深呼吸运动，缓解紧张情绪，调节身心状态；应用自我暗示法，通过意念的控制实现对情绪或行为的调控。

3. 临场比赛的心理监控

（1）主要任务：通过监控和激励，调动比赛的欲望，树立比赛的信心，以最佳的心理状态进入比赛。

（2）监控的内容：运动员比赛情绪的稳定程度，比赛的信心和欲望，对比赛艰难性的心理准备程度。

（3）主要监控方法：

①观察法：

A. 观察运动员临赛时的精神面貌及行为举止，判断其比赛的情绪。

B. 观察准备活动的练习状况，判断运动员对比赛的欲望和信心。

C. 观察对比赛困难预计的言行，了解运动员对比赛艰难性的心理准备程度。

②调节方法：

A. 语言激励。根据运动员的比赛情绪、比赛欲望和对比赛艰难性的心理准备程度及运动员的个性特点，因人而异地给予必要的指示和不同的语言刺激，如鼓励、表扬、激励、“响鼓重敲”等，以达到增强信心，提高斗志，达到最佳比赛的心理状态。

B. 自我暗示。身心放松，稳定情绪；想象成功比赛的情境，回忆自己最成功的一场比赛的体验；想象比赛方案并融入过去成功获胜的比赛场景，以形成良好的心理定势，进入最佳竞技状态。

七、跆拳道运动员的自我监督

自我监督是跆拳道运动员在训练和比赛过程中不可或缺的部分。通过自我检查，运动员能更好地了解自身的训练和比赛状态，及时发现潜在问题，并据此调整训练计划，确保身体和心理状态处于最佳。主观感觉的自我监督内容涵盖了运动员的一般感觉、睡眠、食欲和运动情绪等方面。一般感觉可以反映运动员的整体身体状况，如是否感到精力充沛或疲惫不堪。睡眠质量的好坏直接影响运动员的恢复能力和训练效果，因此也是自我监督的重点。食欲的变化可能暗示着运动员的身体状况或心理状态发生了变化，需要及时调整饮食和训练计划。运动情绪的稳定与否则直接影响着运动员的训练积极性和比赛表现。客观资料的自我监督包括脉搏、肺活量、体重、出汗情况等可量化的指标。这些指标能直观地反映运动员的身体状况和运动效果。例如，脉搏的变化可以反映运动员的心率状况，肺活量的大小与呼吸系统的功能密切相关，体重的变化意味着运动员的营养摄入和消耗情况，而出汗情况可以反映运动员的水分代谢和体温调节能力。

运动员的自我监督有助于检查运动锻炼内容是否合理，方法是否正确，运动量是否合适，身体健康状况和功能水平变化等情况。在运动员自我监督过程中，需要观察并记录一些相应的指标，包括主观感觉的指标和客观观察的指标。这些指标对分析和掌握运动员训练和比赛时的身体状态，预防和早期发现运动伤病，指导正确的训练和比赛计划具有十分积极的意义。

（一）客观检查

运动员对自己身体状况的客观检查可通过简单的体格检查与观察身体新陈代谢的方法相结合进行。客观检查的内容主要包括脉搏、体温、体重、运动成绩、伤病情况、女性月经情况。

1. 脉搏情况

运动员对自身的脉搏情况进行检查，可了解自身的心脏机能状况和机体疲劳状况。脉搏检查一般测桡动脉，也可按压颈动脉，最常用的方法是桡动脉触诊。脉搏检查主要注意脉搏频率、节律、强弱等变化。测量脉搏频率时，要注意内界和外界各种因素对脉搏跳动频率的影响，通常运动员经过训练后，安静心率较慢。

2. 体温情况

体温状况也是运动员进行自我监督时需要关注的重要方面。通常来说，正常人的口腔温度为 36.5～37.2℃，腋下温度较口腔温度低 0.3～0.6℃。运动员体温会随着生理状态、昼夜时差、年龄、性别、环境等不同而稍有波动。运动员在非运动训练时的基础体温与正常人相同，在运动训练过程中，由于肌肉运动产热明显，机体代谢率增加，运动员体温会略有升高，即运动状态下体温略高，安静状态下体温略低，早晨 4～6 时体温最低，午后 5～6 时体温最高，但在 24 小时之内，体温变化不超过 1℃。

测量和记录体温的最佳时间是清晨醒来后，活动开始之前。长期记录体温变化有利于运动员判断自身新陈代谢情况，预测运动成绩。另外，比赛或赛前的紧张情绪也可使运动员体温升高，体温的变化还可以反映运动员赛前的紧张状态。

3. 体重情况

体重变化情况有助于观察运动员进行运动训练的运动量是否适宜。体重综合反映了人体肌肉、脂肪、内脏器官及骨骼等生长发育的情况，是评定跆拳道运动员身体发育的基本标准。

运动训练或者比赛后，体重常常下降。体重下降的幅度与运动强度、运动持续时间成正比。一般说来，运动员在经过系统的运动训练之后，其体重变化会表现为以下三个阶段：

第一阶段：由于机体失去过多的水分和脂肪，体重有逐渐下降的趋势，一般下降 2～3 千克。这个阶段一般持续 3～4 周。体形较胖或参加系统训练前较少活动者，体重下降的幅度可能还要大一些。

第二阶段：体重处于稳定时期。运动后体重减轻，但在 1～2 天内得到完全恢复。这个阶段持续 5～6 周以上。

第三阶段：由于肌肉等组织逐渐发达，体重有所增加，并保持在一定的水平上。如果发现体重减轻了 2～3 千克以上，应考虑是否运动量太大。如减少运动量后体重仍然不能回升，就需要运动员去医院做身体检查。

进行大运动量训练的运动员在停止训练后，体重增加，是生理反应。如果运动员的体重出现逐渐增加的情况，则表明其运动量小，热量累积过多。

运动员测量体重的最佳时间是清晨或其他固定时间。体重在一天内也会因饮食、运动因素而有周期性变化，一般清晨偏轻，下午和夜晚偏重。因此，运动员应定期测量体重，一般每周测量 1～2 次。除了定期的测量外，还可以分别在运动训练前、后测量，作为观察运动训练对体重影响的参考指标，直到调整运动量。

4. 运动成绩

运动成绩也是运动员自我监督的一个重要方面。运动员在平时运动和比赛中记录运动成绩，有利于合理地判断运动训练强度安排是否合理，可以促使其进行更合理地运动训练安排，帮助运动员提高成绩，达到更高的运动水平。运动成绩长期不增长或下降，可能是身体机能状况不良的反应，也可能是早期过度训练的表现。由此可见，运动成绩也是运动员观察自身机体的健康水平和运动训练状况的一个客观监督指标。

5. 伤病情况

运动员在运动训练和比赛中应做好对自我伤病情况的监督。运动员在参加容易发生运动创伤的运动项目时，应每天进行伤情检查，如有疼痛应立即报告医师做进一步检查，以便早发现，早治疗。

6. 女性月经情况

对于女运动员而言，月经情况也是运动训练和比赛中需要注意的方面。女性月经周期受下丘脑—垂体—卵巢分泌性激素的反馈调节控制。运动训练和比赛都有可能打破平衡，导致卵巢功能紊乱，出现运动性月经失调。因此，女运动员应该详细记录月经周期、月经期出血量、有无痛经等症状，以便掌握自身生物节律变化，从而为更好地参加运动训练和比赛做好准备。

（二）主观感觉

1. 精神状态

精神状态是指人脑对外界环境各种刺激进行反应时所表现出来的功能活动状态。运动员应当掌握正确评价自身精神状态的基本能力，利用运动员自我监督表，及时、客观地记录并评价自己在平时生活、训练和比赛期间的精神状态。通常情况下，良好的精神状态表现为精力充沛、情绪稳定、心情愉快；不良的精神状态表现为精神不振、浑身乏力、情绪易于激动。一般的精神状态则介于以上两者之间。为了保持身体健康和提高比赛成绩，运动员务必保持健康正常的精神状态。

2. 自然反应

通常来说，人体机能处于正常状态时自我感觉良好。如果运动员在运动训练中或运动训练后，出现异常的疲劳、头晕、恶心甚至呕吐，以及身体某些部位感觉疼痛，则说明体力不好或患病。因此，运动员应该主动观察并记录平时训练或比赛过程的不良感觉，如疼痛、恶心、发热、呕吐、眩晕等。

第四节 科学医务监督

因受赛场上竞争激烈的紧张气氛的影响，运动员身体的各个系统都会处于一种高度兴奋和紧张的状态，如神经系统高度兴奋、呼吸系统和心血管系统功能活跃等。因此，对于比赛期间的运动员而言，做好医务监督工作十分必要，需要医务监督工作者做好对运动员的医务监督工作，如进行赛前体格检查，确认场地器械、宿舍条件、饮食卫生、生活制度及防病措施等的执行情况，开展卫生知识宣传，组织场地急救工作等，使运动员以最佳的身体状态和心理状态参与比赛和训练。

一、赛前医务监督

（一）做好比赛日程安排

比赛之前，需要根据运动员的年龄、性别进行分组。每个运动员每天比赛的项目不宜过多，比赛之间要保证有适当的休息时间。在制定比赛日程安排时应充分考虑当地的气候条件。

（二）做好赛前检查工作

比赛之前，医务监督者还应做好运动员的饮食、救护配备等方面的检查工作，以保障运动员的安全和比赛的顺利进行。运动员应注意选择合适的运动服装、运动鞋等。

（三）进行赛前体检

比赛之前，运动员应进行严格的体检，重点检查心血管系统，主要检查项目有脉搏、血压、心脏听诊、胸透等，必要时还可做机能试验。当运动员出现感冒、发烧、过度疲劳、心动过速等状况时，不得参加比赛。女运动员应注意是否月经来潮，月经量多者不宜参加剧烈的运动。

（四）做好准备活动

运动员正式参赛前，针对不同项目的特点进行准备活动，先进行一般准备活动，然后做专项准备活动，特别要注意易受伤部位的准备活动。

（五）合理膳食

合理膳食也是运动员在赛前应注意的重要方面。运动员应根据所参加比赛的项目、能量消耗等情况，妥善安排赛前膳食及就餐时间，增加蛋白质、糖、脂肪的供应量，从而为接下来激烈的比赛提供能量支撑。

（六）做好赛前宣传教育工作

赛前的各种宣传教育工作主要包括介绍比赛的相关知识、比赛中的医务监督和保护、运动性损伤和运动性疾病等。特别是在冬春季节的比赛，由于气温较低，运动员一定要做好充分的准备活动，避免出现肌肉、关节、韧带僵硬导致的运动性损伤等运动性疾病。

二、赛中医务监督

对运动员做必要的机能检查，观察其比赛中的机能变化，如心率、血压、体温、肌肉紧张状态等。

帮助运动员缓解赛前紧张情绪，使其以最佳竞技状态投入比赛。

做好运动员赛中营养和饮水的供应工作。如果在炎热的夏季进行比赛，运动员应注意补充水和盐分，以防中暑、水和电解质代谢紊乱。运动员应注意饮食卫生，讲究营养进食。

应做好运动员赛中意外损伤的预防和急救工作，如运动员在运动中出现腹痛、中暑、肌肉痉挛、低血糖、膝部、手部、踝部关节韧带扭伤等。

三、赛后医务监督

运动员在比赛之后应进行体格检查。根据运动项目的特点，在赛后的一定时间内测定一些生理、生化指标，如血压、体重、脉率、心电图、尿蛋白以及心功能实验等，观察运动员机体的恢复情况，一旦发现异常病变，应及时进行治疗。

运动员在比赛结束后也需要注意膳食营养的合理搭配。运动员在比赛时体力消耗大，应及时、合理安排膳食，使其消耗的体能尽快得到恢复，切忌暴饮暴食。

比赛之后运动员应注意做好疾病的预防。剧烈比赛后，身体疲惫，抵抗力降低，容易患病。因此，要特别注意预防感冒及其他疾病。

比赛后运动员应进行充分的休息，在赛后休整期内，保持良好生活习惯，保证睡眠时间，以利于机体得到恢复。

参考文献

[1] 徐林，李凌姝，余雅露 . 大学跆拳道 [M]. 厦门：厦门大学出版社，2022.

[2] 张会景 . 跟着冠军学跆拳道 [M]. 广州：广东经济出版社，2023.

[3] 梁振华 . 教你跆拳道 [M]. 天津：天津科学技术出版社，2019.

[4] 卓岩 . 公共体育课之跆拳道课程 [M]. 成都：西南交通大学出版社，2019.

[5] 周省波 . 中华跆拳道黑带领袖训练宝典 [M]. 南昌：江西科学技术出版社，2018.

[6] 盛文林 . 跆拳道：脚上的艺术 [M]. 北京：台海出版社，2014.

[7] 王双忠 . 少年跆拳道 [M]. 福州：福建科学技术出版社，2013.

[8] 王正伦 . 教你练跆拳道 [M]. 南京：江苏科学技术出版社，2013.

[9] 李万友 . 现代跆拳道实用教程 [M]. 北京：北京理工大学出版社，2013.

[10] 林大参，陈琳 . 跆拳道入门到黑带 [M]. 上海：上海大学出版社，2013.

[11] 王睿迪，白光斌，樊碧田，等 . 韩国跆拳道传播对中国武术传承启迪的相关研究 [J]. 当代体育科技，2024，14（1）：180-185.

[12] 谢玲玲 . 武术与跆拳道对青少年礼仪教育的比较与反思 [J]. 武术研究，2023，8（12）：45-49.

[13] 王宏亮，王立军，刘雪含，等 . 世界跆拳道竞争格局的嬗变与发展趋势 [J]. 体育科技文献通报，2023，31（12）：57-62.

[14] 程佳琦，付强 . 我国跆拳道运动员进攻战术应用特征分析研究 [J]. 体育科技文献通报，2023，31（12）：63-65，84.

[15] 欧子岳，徐国琴 . 新规则下跆拳道技战术变化与能量代谢特征分析 [J]. 当代体育科技，2023，13（31）：24-29.

[16] 李荣帅 . 高校跆拳道促进大学生综合素质发展的作用及策略 [J]. 当代体育科技，2023，13（31）：53-56.

[17] 鲍永臻，张硕 . 跆拳道礼仪文化及精神价值研究 [J]. 武术研究，2023，8（10）：85-86.

[18] 毛英杰，麻文慧 . 青少年跆拳道运动员身体形态和专项身体素质特征研究 [J]. 当代体育科技，2023，13（28）：178-181.
[19] 苏婷 . 跆拳道运动对于全民健身运动的意义 [J]. 文体用品与科技,2023（19）:28-30.
[20] 彭志刚 . 跆拳道训练对大学生心理素质的影响 [J]. 黑龙江科学，2023，14（13）：138-140.
[21] 钟旭辉 . 我国青少年跆拳道运动员赛前焦虑特征研究 [D]. 西安：西安体育学院，2023.
[22] 袁瑞肖 . 基于深度学习的跆拳道动作识别研究 [D]. 石家庄：河北师范大学，2023.
[23] 陈晓莹 . 优秀女子跆拳道运动员横踢动作的运动学特征分析 [D]. 北京：首都体育学院，2023.
[24] 吕一方 . 静态拉伸结合后激活增强对男子跆拳道运动员髋关节柔韧性及下肢爆发力的影响 [D]. 太原：中北大学，2023.
[25] 薛杨 . 影响我国优秀女子跆拳道运动员制胜因素研究 [D]. 上海：上海体育学院，2022.
[26] 何国庆 . 功能性训练在青少年跆拳道训练中的应用研究 [D]. 哈尔滨：哈尔滨师范大学，2022.
[27] 刘铭炜 . 韩国优秀男子跆拳道运动员李大勋技战术研究 [D]. 太原：中北大学，2022.
[28] 张瑞青 . 东亚武学视域中跆拳道的生成研究 [D]. 上海：上海体育学院，2021.
[29] 朱定煌 . 加压训练对跆拳道运动员无氧能力及下肢力量的影响 [D]. 上海：上海体育学院，2021.
[30] 李晨阳 . 高水平跆拳道运动员核心素养评价指标体系构建 [D]. 济南：山东体育学院，2020.